CROCHET 2
nuevos diseños

ADRIANA CAJUES

EDITORIAL ATLANTIDA
BUENOS AIRES • MEXICO

Es sorprendente que aún hoy se puedan satisfacer las necesidades del mundo de la indumentaria y la decoración a través de esta técnica milenaria que, además de aportar encanto y calidez, evoca parte de nuestras raíces.

Este libro lo dedico a mis padres, a mi esposo, a mis hijos, a mi tía Rada y a todo el público que con su cariño me estimula a crear nuevas ideas.
Y agradezco a la familia Sandler, que confió una vez más en mí; también la colaboración incansable de mis alumnas, Alejandra, Élida, Estela, Cristina, Dora, Sandra y Susana.
A todos: ¡Muchas gracias!

Adriana Cajues

Editora jefa
Isabel Toyos
Producción general
Susana Olveira
Cristina Meliante
División Libros de Utilísima
Marina Calvo
Supervisión
Victoria Secchi
Diseño de interior
Natalia Marano
Ilustraciones
Laura Jardón
Supervisión de arte
Claudia Bertucelli
Producción fotográfica
Martha Cacacio
Sylvina Meloni
Fotos
Isidoro Rubini
Producción industrial
Fernando Diz
Composición
Gabriel Castro
Preimpresión
Grupos & Proyectos

ÍNDICE

ÍNDICE

▼ CAPÍTULO 3: Prendas para dama

▼ CAPÍTULO 4: Accesorios para vestir

▼ CAPÍTULO 5: Trabajos que decoran

Introducción

Aumentar: **amtar.**	Lazada: **laz.**	Punto: **pto.**	Vareta en relieve adelante: **vt. rad.**
Aumento: **amto.**	Levantar: **lev.**	Punto corrido: **pc.**	Vareta en relieve atrás: **vt. rat.**
Cadena: **cd.**	Media vareta: **mvt.**	Punto peruano: **pp.**	Vareta doble en relieve adelante: **vt. d. rad.**
Cadeneta especial: **cd. esp.**	Media vareta en relieve adelante: **mvt. rad.**	Regla de 3 simple: **R.T.S.**	Vareta doble en relieve atrás: **vt. d. rat.**
Cangrejo: **cang.**	Media vareta en relieve atrás: **mvt. rat.**	Superficie: **sup.**	Vareta triple en relieve adelante: **vt. t. rad.**
Cantidad: **cant.**	Medio punto: **mp.**	Vareta: **vt.**	Vareta triple en relieve atrás: **vt. t. rat.**
Centímetro: **cm**	Metro: **m**	Vareta doble: **vt. d.**	Vuelta: **vta.**
Descontar: **desc.**	Nudo de Salomón: **ns.**	Vareta triple: **vt. t.**	*Repetir de asterisco a asterisco*
Gramos: **g**	Pasada: **pas.**	Vareta cuádruple: **vt. c.**	
Lateral: **lat.**	Picot: **pic.**	Vareta quíntuple: **vt. q.**	

SIMBOLOGÍA DE PUNTOS

Cadena	⬭	Vareta o media vareta en relieve atrás	—
Media vareta	T	Vareta triple en relieve adelante	↓
Medio punto	+	Vareta doble en relieve atrás	↓
Punto corrido	●	Varetas juntas	⬭
Vareta	T	Nudo de Salomón	+⬭
Vareta doble	₸	Picot	◯
Vareta triple	₮	Punto cangrejo	⌒
Vareta o media vareta en relieve adelante	I	Punto peruano	◎

CAPÍTULO I

Puntos básicos del crochet

MANERA DE TOMAR LA AGUJA Y EL HILO

Cada persona tiene una forma particular para tomar la aguja y el hilo, pero para aquellas que recién comienzan, la indicación general es:

A las diestras: sostener la aguja como si fuera un lápiz con la mano derecha, y con la mano izquierda, el hilo y la labor.

A las zurdas: en la forma contraria a la explicada.

PUNTOS BÁSICOS

1. Nudo inicial

a) Situar el hilo sobre el dedo índice de la mano izquierda, sostener con el dedo mayor y pulgar ambos extremos, introducir la aguja y realizar un giro en sentido de las agujas del reloj; se forma un anillo.

b) Tomar el hilo atravesando el anillo.

c) Estirar ligeramente para formar el nudo inicial.

2. Cadena, o cadeneta o punto al aire

Este punto se hace siempre y es la base de cualquier trabajo posterior.

Abreviatura: cd.

Simbología: ◯

Manera de realizarlo:

a) Hacer el nudo inicial.

b) Hacer una lazada atravesando el centro del anillo que siempre va a estar formado en la aguja, resultando el primer punto al aire, cadena o cadeneta.

c) Trabajar de esta forma hasta obtener el número de puntos deseados (cadena es sinónimo de punto).

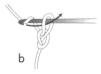
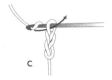

3. Punto corrido, raso, enano o deslizado

Abreviatura: pc.

Simbología: ●

Manera de realizarlo:

a) Insertar la aguja en la 2ª cadena y hacer una lazada, pasar la hebra a través de esa cadena y por el anillo de la aguja de una sola vez.

b) Repetir sobre cada cadena base lo explicado anteriormente.

4. Medio punto o punto bajo

Abreviatura: mp.

Simbología: +

Manera de realizarlo:

a) Sobre base de cadenas, insertar la aguja en la segunda cadena, ya que la primera no se teje.

b) Hacer una lazada pasando la aguja por la misma cadena; en la aguja quedan formados dos anillos.

c) Tomar una lazada atravesando ambos anillos; en la aguja queda un solo anillo.

Desarrollo en vueltas: Sobre cualquier número de puntos o cadenas (agregar una cadena más a la cadena base).

1ª vuelta: Saltar dos cadenas (contar como un medio punto), a partir de la 3ª cadena tener un medio punto en cada cadena base hasta terminar. Dar vuelta.

2ª vuelta: Levantar una cadena (contar como un medio punto). Saltar el 1er medio punto base, tejer el medio punto en cada punto base hasta terminar. Trabajar el último punto insertando la aguja en la cadena levantada en la vuelta anterior. Repetir la segunda vuelta.

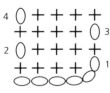

5. Media vareta o medio punto alto

Abreviatura: mvt.

Simbología: ⊤

Manera de realizarlo: (En un tiempo)

a) Sobre base de cadenas tejidas, hacer una lazada, insertar la aguja en la tercera cadena, ya que la primera y la segunda no se tejen.

b) Hacer una lazada, pasar la aguja por la misma cadena (quedan formados tres anillos en la aguja).

c) Tomar una lazada, pasar la aguja a través de los tres anillos (1er tiempo).

a b c

Desarrollo en vueltas: Sobre cualquier número de cadenas (agregar una cadena más a la cadena base).

1ª vuelta: Saltar dos cadenas (contar como una media vareta), a partir de la 3ª cadena base tejer una media vareta en cada cadena hasta terminar. Dar vuelta.

2ª vuelta: Levantar dos cadenas (contar como una media vareta), saltar la 1ª media vareta base para luego tejer una media vareta en cada punto base hasta terminar, trabajar la última media vareta en la segunda cadena levantada en la vuelta anterior. Dar vuelta. Repetir la segunda vuelta.

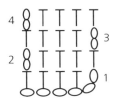

6. Vareta o punto alto

Abreviatura: vt.

Simbología: ⊤

Manera de realizarlo: (En dos tiempos)

a) Sobre base de cadenas tejidas hacer una lazada, insertar la aguja en la cuarta cadena (1ª, 2ª y 3ª cadenas no se tejen).

b) Hacer una lazada, pasar la aguja por esa cadena; quedan formados tres anillos en la aguja.

c) Enlazar la hebra atravesando los dos primeros anillos; quedan dos anillos en la aguja (1er tiempo).

d) Efectuar una lazada atravesando los dos anillos restantes (2° tiempo)

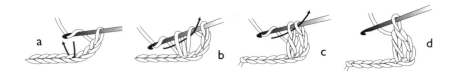

Desarrollo en vueltas: Sobre cualquier número de puntos (agregar dos cadenas más a la cadena base).

1ª vuelta: Saltar tres cadenas (contar como una vareta), a partir de la cuarta cadena base tejer una vareta en cada cadena hasta terminar. Dar vuelta.

2ª vuelta: Levantar tres cadenas (contar como una vareta), saltar la 1ª vareta base, tejer una vareta en cada punto base hasta terminar, trabajar la última vareta insertando la aguja en la tercera cadena levantada en la vuelta anterior.

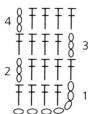

7. Vareta doble o punto alto doble

Abreviatura: vt. d.

Simbología: ╪

Manera de realizarlo: (En tres tiempos)

a) Sobre base de cadenas tejidas hacer dos lazadas e insertar la aguja en la 5ª cadena base.

b) Efectuar una lazada y pasar a través de la 5ª cadena; quedan formados cuatro anillos en la aguja.

c) Tomar una lazada pasándola solamente por los dos primeros anillos; quedan formados tres anillos en la aguja (1er tiempo).

d) Hacer otra lazada y pasar por los dos anillos siguientes; en la aguja quedan dos anillos (2° tiempo).

e) Realizar la última lazada y pasarla por los dos anillos restantes (3er tiempo).

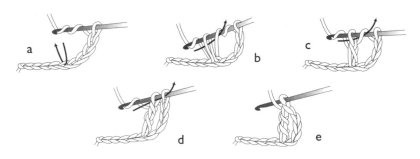

Desarrollo en vueltas: Sobre cualquier número de puntos (agregar tres cadenas más a la cadena base).

1ª vuelta: Saltar cuatro cadenas (contar como una vareta doble), a partir de la 5ª cadena base tejer una vareta doble en cada cadena base hasta finalizar. Dar vuelta.

2ª vuelta: Levantar cuatro cadenas (contar como una vareta doble), saltar la vareta doble base para continuar tejiendo una vareta doble en cada punto base hasta terminar, trabajar la última vareta doble en cada punto base hasta terminar, trabajar la última vareta doble insertando la aguja en la cuarta cadena levantada en la vuelta anterior. Repetir la 2ª vuelta.

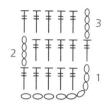

8. Vareta triple o pilar triple

Abreviatura: vt. t.

Simbología: ‡

Manera de realizarlo: (En cuatro tiempos)

a) Sobre base de cadenas tejidas hacer tres lazadas e insertar la aguja en la 6ª cadena base.

b) Tomar una lazada y pasar a través de la 6ª cadena base en la aguja; quedan formados cinco anillos, hacer una lazada y pasarla por los dos primeros anillos (1er tiempo).

c) En la aguja quedan cuatro anillos, tomar una lazada y pasarla por los dos primeros (2° tiempo), volver a hacer una lazada atravesando los dos primeros anillos (3er tiempo).

d) Quedan dos anillos en la aguja, hacer una lazada y atravesarlos juntos (4° tiempo).

e) Resulta la vareta triple con un solo anillo.

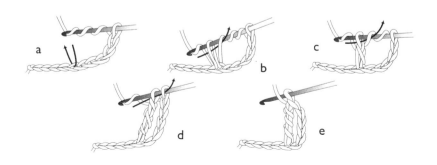

VARETA EN RELIEVE

Si se inserta la aguja alrededor del tallo de la vareta se puede lograr un lindo efecto de realce o relieve.

Hay dos tipos de varetas en relieve: 1) Vareta en relieve adelante; 2) Vareta en relieve atrás.

1. Vareta en relieve adelante

Abreviatura: vt. rad.

Simbología: |

Manera de realizarlo:

a) Hacer una lazada, insertar la aguja por delante del tallo del punto en cuestión.

b, c) Completar el punto normalmente.

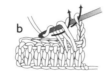

2. Vareta en relieve atrás

Abreviatura: vt. rat.

Simbología: —

Manera de realizarlo:

a) Hacer una lazada, insertar el gancho por atrás del tallo del punto en cuestión.

b, c) Completar el punto normalmente.

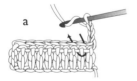

Varetas en relieve sobre tejido recto

Como en tejido recto se trabaja una vuelta al derecho y otra vuelta al revés, se tejerá:

a) Para varetas en relieve adelante, sobre vuelta al revés trabajar vareta en relieve atrás.

b) Para varetas en relieve atrás, sobre vuelta al revés trabajar vareta en relieve adelante.

De esta manera, sobre un lado del tejido queda siempre el mismo tipo de vareta en relieve.

Varetas en relieve sobre tejido redondo

Al tener sobre el tejido un lado derecho y uno revés, no presenta variación alguna; es decir, siempre se trabajará el mismo tipo de vareta en relieve.

Nota: Para aplicar relieve en otros puntos (media vareta, vareta doble, vareta triple) se procede de igual manera, respetando los tiempos del punto a tejer.

PUNTO CANGREJO

Es utilizado para ribetear bordes, ya sean rectos o curvos.

Este punto se trabaja igual que el medio punto, con la diferencia que se teje hacia la derecha en el caso de las diestras y hacia la izquierda en el caso de las zurdas.

Abreviatura: cang.

Simbología: ∩

Manera de realizarlo:

a) Sobre una base de puntos, insertar la aguja sobre el 1er punto hacia la derecha.

b) Tomar una lazada y hacerla pasar por ese punto.

c) Quedan en la aguja dos anillos; hacer una lazada atravesando ambos anillos.

d) Repetir lo explicado en cada punto base.

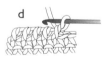

NUDO DE SALOMÓN

Este punto cuenta de una cadeneta especial (alargada) que se ajusta con un medio punto.

Abreviatura: ns.

Simbología: +⬭

Manera de realizar la cadeneta especial:

a) Hacer una cadena y estirarla hasta obtener el tamaño deseado.

b) Tomar una lazada, pasarla sobre dicha cadena separando la hebra de la cadena con el índice y el pulgar; se origina un hueco.

c) Sobre dicho hueco introducir la aguja, tomar la hebra y practicar el medio punto.

d) Repetir desde a) hasta tener la cantidad de cadenetas especiales deseadas.

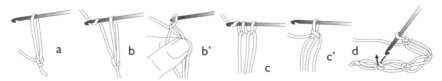

Red en nudo de Salomón: (Tejido recto)

Múltiplo: 2 cadenetas especiales + 1

Sobre base de cadenetas especiales levantar independientemente de la base dos más, tejer:

1ª vuelta: Saltar la 1ª cadeneta base, y en el medio punto base siguiente tejer un medio punto; *levantar dos cadenetas más, saltar dos de la base y tejer un medio punto sobre el medio punto base correspondiente, repetir*. Finalizar la vta. con medio punto ubicado sobre medio punto final base.

2ª vuelta: Levantar tres cadenetas especiales, tejer un medio punto sobre medio punto del 1er dúo base, *levantar dos cadenetas especiales, tejer un medio punto sobre medio punto del dúo de cadenetas vecina, repetir*. Finalizar con medio punto sobre medio punto base final.

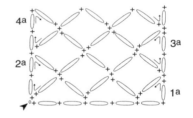

Continuar las vueltas siguientes de igual forma que la 2ª vuelta.

Nota: Tanto en tejido recto como en redondo, dicha red se forma con dúo de cadenetas especiales, saltando dúo de la base y tejiendo un medio punto sobre el medio punto base correspondiente, cerrando cada vuelta con punto corrido.

PUNTO PERUANO

Se trabaja con aguja de crochet más una aguja de tricot, esta última debe ser de un grosor considerable, para obtener una trama más vistosa.

Abreviatura: pp.

Simbología: ⊚

Manera de realizarlo:

a) Levantar una base de cadenas, con número que sea múltiplo de 4.

b) Tomar con la aguja de tricot el anillo de la aguja de crochet (1er anillo), continuar tomando un anillo de cada cadena con la aguja de crochet e insertar en la de tricot.

c) Atravesar con la aguja de crochet los primeros cuatro anillos contenidos en la aguja de tricot, retirarlos de ella, uniéndolos con cuatro medio puntos, repetir dicha operación con los cuatro anillos siguientes, así sucesivamente hasta retirar todos los puntos de la aguja de tricot. Queda una base de medio punto.

d) Pasar el anillo a la aguja de tricot (1er anillo), continuar tomando un anillo de cada medio punto base con la aguja de crochet e insertar en la de tricot. Queda una base de anillos. (Repetir desde c).

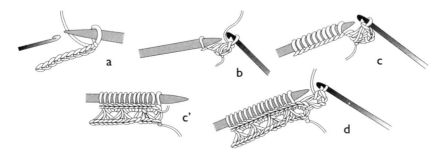

Nota: Esta trama presenta un derecho y un revés; el derecho presenta columnitas verticales de punto labrado.

AUMENTOS Y DESCUENTOS

Aumentos

1. Aumentos en extremos

a) Un aumento:

Inicio de vuelta: Levantar la cantidad de cadenas correspondiente al punto que se trabaja y sobre el mismo punto base tejer otro punto.

Ejemplo: Punto = Vareta, altura inicial = 3 cadenas

Final de vuelta: Cuando se debe aumentar un punto, basta con tejer dos puntos sobre el último punto de la vuelta.

Ejemplo: Punto = Vareta

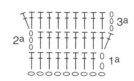

b) Más de un aumento:

Inicio de vuelta: Al querer aumentar más de un punto, se agregan tantas cd. como sea necesario, sobre las cuales se tejerán los puntos a agregar.

Ejemplo: Punto = Vareta, altura inicial = 3 cadenas

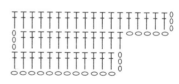

Final de vuelta: Para este caso se tejerán tantas varetas dobles como puntos se quieran aumentar, las varetas dobles se engancharán sobre el 2° tiempo de la vareta doble vecina.

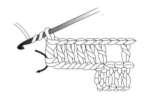

Ejemplo: Punto = Vareta

2. Aumentos internos

Si se debe aumentar un punto dentro de la vuelta, sobre el punto base correspondiente tejer dos puntos.

Ejemplo: Punto = Vareta

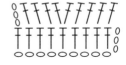

Descuentos

1. Descuentos sobre extremos

Para uno o más descuentos:

Inicio de vuelta: Se deslizará con tantos puntos corridos como puntos se quieran descontar.

Ejemplo: Punto = Vareta, altura inicial = 3 cadenas

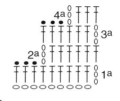

Final de vuelta: Dejar tantos puntos libres, como los que se quieran descontar.

Ejemplo: Punto = Vareta

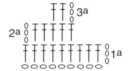

TEJIDO EN REDONDO

Técnica ideal para utilizar crochet pues facilita el trabajo circular, aplicado en infinidad de trabajos.

Manera de realizarlo:

a) Hacer el nudo inicial.

b) Tejer base de cadenas, insertar la aguja en la 1ª cadena.

c) Tomar una lazada, realizar un punto corrido uniendo la 1ª cadena con la última.

d) Queda formado un anillo; proceder a trabajar la 1ª vuelta.

e) En el caso de una 1ª vuelta a base de varetas, levantar inicialmente 3 cadenas (1ª vareta).

f) Luego insertar la aguja en el centro del anillo (rellenar) y tejer la 2ª vareta.

g) Rellenar el anillo con tantas varetas como determine el diseño.

h) Unir la última vareta tejida con la 1ª de esa vuelta (las tres cadenas levantadas) con punto corrido.

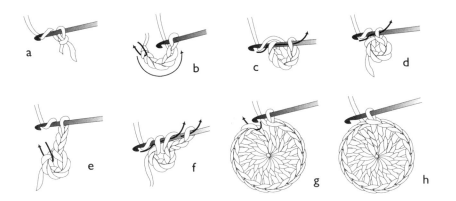

NORMAS DE LECTURA

Ante un esquema, se debe tener en cuenta:

a) Comenzar la lectura desde el centro del esquema.

b) Sentido de vuelta: con igual sentido, ya que las distintas vueltas se enumeran sobre un mismo lateral.

c) Respetar el tipo y la cantidad de puntos a tejer sobre cada vuelta.

d) Cerrar cada vuelta uniendo el último punto con el primero, con punto corrido.

CAMBIO DE COLOR

Técnica para: 1) Tejido redondo; 2) Tejido recto.

1. Tejido redondo

En este caso, al tener un derecho de tejido, recordar:

a) Los cambios se hacen al finalizar la vuelta con punto corrido. Por lo tanto, se cuenta con un color base (el que se está tejiendo) y un color cambio (el color a tejer).

b) Sobre la aguja se tiene el color base, tomar el color cambio, apoyarlo sobre el dedo índice, introducir la aguja pasándola por el anillo color base, tirar del color base para que el nuevo anillo color tome el tamaño acorde con la aguja; la altura se dará levantando tantas cadenas como necesite el punto a tejer.

c) Las hebras del cambio quedarán en el revés del tejido.

d) En caso de dejar un color, cortar la hebra perdiéndola sobre el mismo color, del revés.

e) No cortar la hebra color que se usará luego; dejarla en suspenso sobre el revés.

2. Tejido recto

En este caso, al tener un derecho y un revés del tejido, recordar:

a) Realizar el cambio sobre el primer punto de la vuelta en el caso de tejer vueltas enteras de distinto color.

b) Ídem al punto b) del tejido redondo.

c) No cortar la hebra color que se usará luego; dejarla en suspenso sobre el lateral del tejido.

d) En caso de tener el color que se necesita sobre el lateral contrario al que se teje, dejar en suspenso el anillo que se tiene sobre la aguja e ir sobre el lado donde está la hebra de color a utilizar, introducir la aguja en el último punto de esta vuelta para obtener un nuevo anillo, continuar tejiendo en busca del anillo en suspenso que se tomará con la aguja para tejerlo con el 1er punto de la hilera.

e) Una vez finalizado el tejido, ocultar los cambios sobre los laterales con ribeteo.

OJALES

Los ojales trabajados en las prendas de este libro son verticales y se realizan en la confección de las vistas. Para hacerlos tener en cuenta:

a) Sobre qué medio delantero o trasero ubicarlos según a quién se destine la prenda.

b) Repartir y marcar a igual distancia la cantidad necesaria de ojales. Tener como punto de partida el inicio y el final de la vista, donde se ubican los ojales extremos.

c) Los ojales se trabajan en el centro de la vista.

Ejemplo: Si la vista se teje a base de media vareta y en siete vueltas, los ojales se trabajan en la 4ª vuelta, de la siguiente manera:

4ª vuelta: Levantar 2 cadenas (1ª media vareta), *tejer media vareta, sobre cada media vareta base hasta una media vareta base antes de la 1ª marca, levantar 2 cadenas (según el tamaño del botón), saltar la marca (una media vareta base), trabajar una media vareta sobre la media vareta vecina base, repetir*. Finalizar tejiendo el último ojal más la misma cantidad de medias varetas iniciales.

5ª vuelta: Levantar 2 cadenas (1ª media vareta), *tejer media vareta sobre cada media vareta base hasta llegar al 1er puente de 2 cd. base que se rellena con 2 media varetas, repetir*

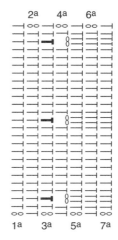

Finalizar tejiendo media vareta sobre media vareta.

6ª y *7ª vueltas:* Tejer igual cantidad de medias varetas obtenidas en la 5ª vuelta.

Nota: Según el tamaño del botón, levantar una cantidad de cadenas semejante a la cantidad de puntos base a saltar.

BOTÓN PERUANO

Este tipo de botón se arma a base de medio punto, saturando la cantidad de éste, hasta obtener un cuerpo ideal de botón.

Manera de realizarlo:

a) Levantar una base de 3 cadenas, unir la última con la primera con punto corrido.

b) Rellenar dicho anillo con una cantidad importante de medio puntos, los cuales se enciman entre sí, logrando formar un volumen con la propia hebra.

c) Al obtener el tamaño y el volumen deseados, cortar la hebra, dejando un tramo para coser.

d) Cerrar el anillo ajustando la hebra.

CAPÍTULO 2

Bebés y niños

MANTA

Materiales

▼ Cashmilon, 300 g

▼ Sedalina, 100 m

▼ Aguja de crochet N° 2

▼ Aguja de tricot N° 9

Abreviaturas

cd. (cadena), cant. (cantidad), lat. (lateral), lev. (levantar), mp. (medio punto), mvt. (media vareta), pp. (punto peruano), pto. (punto), R.T.S. (regla de 3 simple), vta. (vuelta)

Ejecución

1. **Muestra:** Tejer una muestra de 10 cm x 10 cm practicando el pp. (véase Capítulo 1, pág. 14).

Para tener una idea de cálculo se cita el siguiente ejemplo:

10 cm = 28 ptos.   10 cm = 16 vtas.

2. Según la muestra, realizar el cálculo correspondiente para obtener una manta de 70 cm de ancho. A través de R.T.S., traducir 70 cm a cd.:

10 cm ———— 28 cd.   70 cm ———— $\dfrac{70 \text{ cm} \times 28 \text{ cd.}}{10 \text{ cm}} = 196$ cd.

Tejer una base de 196 cd., ya que esta cant. es *múltiplo de 4,* tejer tantas vtas. como sea necesario hasta tener un alto de 75 cm.

3. **Terminación**

Ribetear todo el contorno con mvt. teniendo en cuenta:

a) Tejer 1 vta. en sedalina y la otra en cashmilon.

b) Rellenar los rulos de lat. con 2 a 3 mvt. (según tensión).

c) Sobre esquinas tejer: inicialmente 3 mvt., sobre las restantes vtas. trabajar sobre el mp. intermedio nuevamente 3 ptos. Lograr una franja de 3 cm de ancho.

d) Ribetear con pto. cangrejo, utilizando la sedalina.

GORRO

Materiales
▼ Dralon perlé, 80 g
▼ Aguja de crochet N° 1

Abreviaturas
amto. (aumento), cd. (cadena), cant. (cantidad), mp. (medio punto), mvt. (media vareta), mvt. rad. (media vareta en relieve adelante), mvt. rat. (media vareta en relieve atrás), lev. (levantar), pto. (punto), pc. (punto corrido), vt. rad. (vareta en relieve adelante), vt. rat (vareta en relieve atrás), vta. (vuelta).

Ejecución

1. Tejido: (Véase esquema)

a) Lev. una base de 6 cd., unir la última con la 1ª con pc., queda formado un anillo, tejer:

1ª vta.: Rellenar dicho anillo con 8 mp. Cerrar la vta. con pc.

2ª vta.: Sobre cada mp. base tejer 2 mvt. (amto.) quedan 16 mvt. Cerrar la vta. con pc.

3ª vta.: Lev. 2 cd. (1ª mvt.), sobre la 1ª mvt. base tejer una mvt., en la 2ª mvt. base tejer 1 mvt. rad., *trabajar 2 mvt. (amto.) sobre la siguiente mvt. base, tejer una mvt. rad. en la siguiente, repetir*. Cerrar la vta. con pc.

4ª vta.: Lev. 2 cd. (1ª mvt.), sobre la 1ª mvt. base tejer 1 mvt.,* trabajar 1 mvt. en la mvt. base vecina, tejer 1 mvt. rad. sobre la mvt. rad. base, tejer 1 amto. (2 mvt.) sobre la mvt. vecina base, repetir*. Cerrar la vta. con pc.

Continuar las vtas. siguientes aplicando amto. (2 mvt.) en la 1ª mvt. de cada gajo, respetando la ubicación de la mvt. rad. hasta tener un diámetro de 10 a 12 cm. Quedan bien definidos 8 gajos.

Luego de obtener dicha medida, trabajar en las vtas. sucesivas la misma cant. de ptos. hasta tener un alto de 17 a 18 cm.

b) Guarda o puño: (Véase esquema). Se trabaja a continuación, en pto. canasta, para ello dividir por la mitad la cant. de ptos. contenidos en cada gajo, trabajar mitad en mvt. rad. y mitad en mvt. rat.

Para su mayor comprensión se cita el siguiente ejemplo:

Si cada gajo presenta 14 ptos., se tejerán 7 mvt. rad. y 7 mvt. rat.

El orden de dichos grupos se intercalará cada 4 vtas. hasta lograr un alto de 6 cm.

BEBÉS Y NIÑOS

2. Terminación

a) Forrar un botón, coser sobre el inicio de base.

b) Lavar y secar.

▼ **ESQUEMAS**

BASE

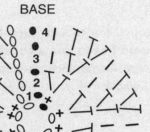

GUARDA

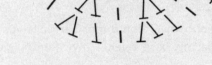

9ª
8ª
7ª
6ª
5ª
4ª
3ª
2ª
1ª

SIMBOLOGÍA

| = media vareta en relieve adelante

— = media vareta en relieve atrás

○ = cadena

● = punto corrido

+ = medio punto

T = media vareta

ESCARPINES

ESCARPINES DE MEDIA ESTACIÓN

Materiales
▼ Hilo rústico matizado o buclé con seda, 50 g
▼ Aguja de crochet N° 1

Abreviaturas
amto. (aumento), cd. (cadena), lat. (lateral), lev. (levantar), mvt. (media vareta), mvt. rad. (media vareta en relieve adelante), mvt. rat. (media vareta en relieve atrás), pto. (punto), mp. (medio punto), pc. (punto corrido), vt. (vareta), vta. (vuelta)

Ejecución

1. Tejer:
a) Plantilla: (Véase esquema). Trabajar una base de cd. de 5 cm de largo, tejer:

1ª vta: Lev. 3 cd. (1^a vt.) tejer sobre cada pto. base 1 vt., en la última trabajar 5 vt. (amto.), continuar tejiendo 1 vt. sobre el otro lat. de cada cd., repetir el amto. en el otro extremo. Cerrar la vta. con pc.

2ª vta: Lev. 3 cd. (1^a vt.), *tejer vt. sobre cada vt. base, a la altura de las 5 vt. base (amto. de la vta. anterior), comenzar los amtos. tejiendo 2 vt. sobre cada vt. de estas 5, repetir* sobre el otro lat. Cerrar la vta. con pc.

Continuar tejiendo tantas vtas. como sea necesario hasta tener una plantilla de 8 cm de largo x 4 cm de ancho, respetando los amtos. sobre los extremos.

b) Contorno de plantilla: Una vez obtenidas las medidas, tejer:

1ª vta.: Lev. 2cd. (1ª mvt.), trabajar sobre cada vt. base de la plantilla 1 mvt. rad. y 1 mvt. rat. (pto. elástico). Cerrar la vta. con pc.

Continuar sobre las siguientes vtas. de igual manera, tejiendo la misma cant. de ptos. hasta obtener un alto de 2,5 cm.

c) Talonera: Dividir el trabajo por la mitad, tejer:

1ª vta.: Lev. 2 cd. (1ª mvt.). Trabajar ida y vuelta respetando el orden de mvt. rad. y mvt. rat. base. Continuar de igual forma sobre las vtas. siguientes. Obtener un alto total de 3,5 cm. Cortar el hilo.

d) Capellada: (Véase esquema). Centralizar 7 ptos. base sobre la otra mitad. Trabajar sobre ellos en ida y vuelta en mp.:

1^a vta.: Lev. 1 cd., tejer 1 mp. sobre cada mp. base, al llegar al 7° base trabajar 1 pc. finalizando la vta., deslizar con pc. sobre el pto. base vecino del mismo lat., comenzando la 2^a vta.

2ª vta.: Lev. 1 cd., tejer 1 mp. sobre cada mp. base (trabajar 7 mp.) unir la vta. con pc. al pto. correspondiente base al lat. contrario a la vta. anterior, deslizar con pc. sobre el pto. base vecino de dicho lat., comenzando la 3ª vta.

3ª vta.: Lev. 1 cd., tejer 1 mp. sobre cada mp. base (trabajar 8 mp.), unir con pc. al pto. base correspondiente del lat. a trabajar, deslizar con pc. sobre el pto. base vecino.

4ª vta.: Lev. 1 cd., tejer 1 mp. sobre cada mp. base (trabajar 9 mp.), unir con pc. al pto. base correpondiente del lat. a trabajar, deslizar con pc. sobre el pto. vecino.

5ª vta.: Ídem a la 4ª vta.

Continuar las vtas. siguientes, aumentando hasta 10 mp., uniendo a los lat. que corresponda con pc., hasta llegar a la talonera, donde, con igual sistema, se une a ella.

Última vta.: Tejer en mvt. Quedan unidas la capellada y la talonera.

2. Terminación

Pasar sobre la unión un cordón o cinta para poder ajustar al tobillo del bebé, adornar con botoncitos tejidos, mostacillas o perlitas.

ESCARPINES DE ABRIGO

Materiales
▼ Cashmilon de invierno, 40 g
▼ Aguja de crochet N° 2

Ejecución

1. Tejer:

Al igual que el escarpín de media estación, repetir desde el punto a) hasta el d).

e) Caña: Continuar tejiendo la misma cant. de ptos. (capellada, talón) en pto. elástico (1 mvt. rad. y 1 mvt. rat.), respetando el tipo de mvt. base trabajada en la talonera.

f) Tejer un alto de 6,5 cm tomados desde la capellada. Doblar, formando un elástico bien tupido.

2. Terminación

Adornar con botoncitos tejidos.

▼ ESQUEMAS PARA LOS DOS MODELOS

PLANTILLA

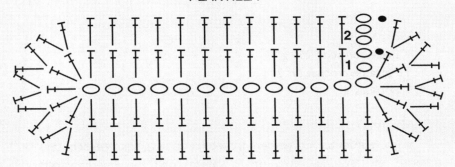

CAPELLADA

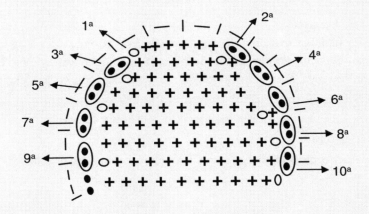

SIMBOLOGÍA

$\top$ = vareta

O = cadena

$\bullet$ = punto corrido

$+$ = medio punto

$|$ = vareta en relieve adelante

$-$ = vareta en relieve atrás

BOMBACHUDO

Materiales

▼ Buclé con seda, 250 g
▼ Aguja de crochet N° 2
▼ Botones, 6

Abreviaturas

amto. (aumento), cd. (cadena), cant. (cantidad), desc. (descontar), lat. (lateral), lev. (levantar), mvt. (media vareta), mvt. rad. (media vareta en relieve adelante), mvt. rat. (media vareta en relieve atrás), pto. (punto), R.T.S. (regla de 3 simple), vta. (vuelta)

Ejecución

1. Muestra:

a) Tejer en mvt. una muestra de 10 cm x 10 cm.

b) De acuerdo con la tensión de cada una, anotar cant. de ptos. y vtas. según muestra. Para saber proseguir con los cálculos, se cita el siguiente ejemplo:

$$10 \text{ cm} = 18 \text{ ptos.} \qquad 10 \text{ cm} = 20 \text{ vtas.}$$

Cálculo:

Ancho de bombacha: 31cm. Traducir 31 cm a ptos., aplicar R.T.S.

$$10 \text{ cm} \longrightarrow 18 \text{ ptos.}$$
$$31 \text{ cm} \longrightarrow \frac{31 \text{ cm} \times 18 \text{ ptos.}}{10 \text{ cm}} = 56 \text{ ptos.}$$

Llevar la cant. de ptos. a impar por la entrepiernas, por lo tanto

$$31 \text{ cm} = 57 \text{ ptos.}$$

Pierna: A través de R.T.S. traducir 12 cm a ptos. = 22 ptos.

2. Espalda: (Véase molde). Según cálculos de la muestra ejemplo:

a) Comenzar desde la bombacha, lev. una base de 57 cd. en donde se incluye la cant. de ptos. para las piernas (22 ptos.) más entrepiernas (13 ptos.), tejer:

1ª vta.: Lev. 2 cd. más la última cd. base (1ª vt.) continuar trabajando sobre cada cd. base una vt.

2ª vta.: Lev. 2 cd. (1ª mvt.), tejer 1 mvt. rad., 1 mvt. rat. (pto. elástico) sobre las primeras 21 vt. base, seguir con 13 mvt. sobre cada vt. base para finalizar con 22 en pto. elástico.

Continuar en las siguientes vtas. tal cual indica la 2ª vta. hasta obtener 2 cm de alto.

b) Entrepiernas:

1ª vta.: Lev. 2 cd. (1ª mvt.), tejer pto. elástico sobre los primeros 21 ptos. base (pierna), saltar 1 pto. base (desc.) de los 13 de la entrepiernas, trabajar 11 mvt., saltar la última de las 13 mvt., finalizar con pto. elástico sobre los 22 ptos. restantes.

Continuar tejiendo de igual manera desc. 1 pto. inicial y final en cada vta. sobre los correspondientes a la entrepiernas y la misma cant. de ptos. en elástico para cada pierna, hasta tener un alto de 3 cm. En las siguientes vtas., reemplazar por mvt. los ptos. pertenecientes a las piernas, continuar los desc. de igual manera a la explicada anteriormente, hasta obtener un solo pto. de la entrepiernas.

c) Tejer recto: (cant. de ptos. que han quedado) todo en mvt. logrando un alto de 18 cm.

d) Sisas: Desc. sobre cada lat. los ptos. correspondientes a 2,5 cm = 5 ptos.

e) Dividir el tejido por la mitad, trabajar en pto. elástico, (1 mvt. rad. y 1 mvt. rat.) cada parte por separado, hasta tener un alto de 12 cm y lograr la abertura necesaria.

3. Delantero: (Véase molde)

a), b), c), d): Igual que en la espalda pero trabajando ojales sobre los 2 cm de la entrepiernas.

e) Sobre la cant. de ptos. que restan trabajar en pto. elástico (mvt. rad., mvt. rat.) hasta tener un alto de 7 cm.

f) Escote redondo: Dividir por la mitad el tejido, trabajar por separado cada una de las partes.

Traducir 10 cm a ptos., según ejemplo: 10 cm = 18 ptos.

Según lo indicado 18 ptos. ÷ 2 = 9 ptos. a desc. sobre cada lat.

Desc. sobre cada vuelta (3, 2, 2, 1, 1 respectivamente).

Continuar tejiendo hasta tener un alto de 5 cm; queda formado el hombro.

g) Repetir f) sobre la otra mitad.

4. Manga directa: (Véase molde).

a) Coser hombros de la espalda y delantero con pc.

b) Traducir para pto. elástico, 24 cm a ptos., 6,5 cm a vtas. y 14 cm a ptos. midiendo directamente según zona de pto. elástico trabajada sobre espalda o delantero.

Según ejemplo:

24 cm = 44 ptos., 6,5 cm = 18 vtas., 14 cm = 26 ptos.

Cant. de ptos. a desc. sobre cada lat.: 44 ptos. − 26 ptos. = 18 ptos. ÷ 2 = 9 ptos.

¿Cada cuántas vtas. debo desc. un pto.?: 18 vtas. ÷ 9 ptos. = 2 vtas. por pto.

Cada 2 vtas. se hará un desc. sobre cada lat.

c) De sisa a sisa trabajar sobre cada manga:

1ª vta.: Lev. 2 cd. (1ª mvt.), continuar repartiendo las 43 mvt. restantes, ubicadas a lo largo de ambas sisas.

2ª vta.: Lev. 2 cd. (1ª mvt.) continuar en pto. elástico (1 mvt. rad. y 1 mvt. rat.) sobre las 43 mvt. base).

3ª vta.: Deslizar con pc. sobre un pto. base, lev. 2 cd. (1ª mvt.) tejer en pto. elástico los 41 ptos. restantes, dejar libre el último pto.

Continuar las siguientes vtas., desc. según lo explicado, hasta tener 26 ptos. en 18 vtas.

d) Tejer de igual manera la otra manga.

5. Terminación

a) Coser todos los lat. con pc.

b) Tejer sobre abertura de espalda vistas en mvt (ubicar ojales según sexo).

c) Ribetear con pto. cangrejo el cuello y la abertura.

d) Coser los botones, sobre las vistas y la entrepiernas.

Notas: Para hacer una opción más liviana de este bombachudo, el buclé con seda puede reemplazarse por hilo o cashmilon de verano. En cualquiera de las dos opciones, se utiliza el mismo número de aguja de crochet e idéntica cantidad de material.

Si se desea tejer este modelo en una medida más grande se debe aumentar, proporcionalmente, 2 cm en todas las medidas del molde, teniendo en cuenta la talla del bebé. A la cantidad de material indicado hay que agregarle 50 g más.

BEBÉS Y NIÑOS

▼ ESQUEMA DEL PUNTO ELÁSTICO

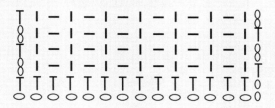

SIMBOLOGÍA

I = media vareta en relieve adelante

— = media vareta en relieve atrás

○ = cadena

T = media vareta

▼ MOLDES

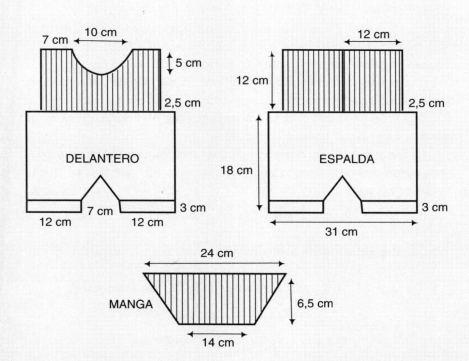

TAPADO

Materiales

▼ Dralon, 350 g

▼ Aguja de crochet N° 0

Abreviaturas

amtar. (aumentar), cd. (cadena), cant. (cantidad), desc. (descontar), lat. (lateral), lev. (levantar), mvt. (media vareta), pto. (punto), R.T. S. (regla de 3 simple), vt. (vareta), vta. (vuelta)

Ejecución

1. Muestra: (Véase esquema). Tejer una muestra de 10 cm x 10 cm.

a) Lev. una base de cd. cuya cantidad sea múltiplo de 4 + 2.

1ª vta.: Lev. 2 cd. (1ª mvt.), tejer 1 mvt. sobre cada cd. base.

2ª vta.: Lev. 3 cd. (1ª vt.), *saltar 1 mvt. base, tejer 3 vt. respectivamente sobre cada mvt. base, trabajar 1 vt. en la mvt. saltada, pasándola por delante de las 3 tejidas, repetir.* Finalizar con 1 vt. sobre la última mvt. base.

3ª vta.: Lev. 3 cd. (1ª vt.), *saltar la vt. cruzada, tejer sobre cada vt. 1 vt., trabajar la vt. que cruza sobre la cruzada, por detrás de las 3 vt., repetir.* Finalizar con 1 vt. sobre la última vt. base.

Continuar repitiendo desde la 2ª vta., hasta obtener una muestra superior a 10 cm.

Nota: Se tiene un revés sobre vtas. impares y un derecho sobre las pares.

b) De acuerdo con la tensión de cada una, anotar la cant. de ptos. y vtas. según muestra. Para saber proseguir con los cálculos, se cita el siguiente ejemplo:

10 cm = 20 ptos.   10 cm = 10 vtas.

2. Espalda: (Véase molde)

a) 1er cálculo:

Traducir 34 cm a ptos., a través de la R.T.S., según muestra:

10 cm ———— 20 ptos.

$$34 \text{ cm} \underline{} \frac{34 \text{ cm} \times 20 \text{ ptos.}}{10 \text{ cm}} = 68 \text{ ptos.}$$

Recordar que la cant. de ptos. debe ser múltiplo de 4 + 2, por lo tanto: 68 (es múltiplo de 4) + 2 = 70 ptos.

Traducir 29 cm a ptos., a través de R.T.S.

29 cm = 58 ptos. + 2 = 60 ptos.

Traducir 21 cm a vtas., a través de R.T.S. 21cm = 21 vtas.

Averiguar la cant. de ptos. a desc. sobre las 21 vtas.:

total 70 ptos. – 60 ptos. = 10 ptos. a desc. ÷ 2 = 5 ptos. a desc. sobre cada lat.

Averiguar cada cuántas vtas. debo desc. 1 pto. sobre cada lat.

21 vtas. ÷ 5 ptos. = 4 vtas.

Conclusión: Lev. una base de 70 cd., trabajar en mvt. cada pto. base hasta tener un alto de 3 cm (ruedo). A partir de dicha medida, comenzar a desc. cada 4 vtas. 1 pto. sobre cada lat. 5 veces; quedan 60 ptos.

b) 2° cálculo:

Traducir 18 cm a ptos., a través de R.T.S. 18 cm = 36 ptos.

Traducir 13 cm a vtas., a través de R.T.S. 13 cm = 13 vtas.

Averiguar cant. de ptos. a desc. sobre las 13 vtas.

Total 60 ptos. – 38 ptos. = 22 ptos. ÷ 2 = 11 ptos. a desc. sobre cada lat.

Averiguar cada cuántas vtas. debo desc. 1 pto. sobre cada lat.

13 vtas. ÷ 11 ptos. = 1,1 vta.

Conclusión: Continuar descontando 1 pto. sobre cada lat. en cada vta. 12 veces; en la vta. N° 13 quedan con 36 ptos.

3. Medio delantero: (Véase molde)

a) 1er cálculo, según ejemplo:

Traducir 15 cm a ptos., a través de R.T.S. 15 cm = 30 ptos.

Traducir 21 cm a vtas., a través de R.T.S. 21cm = 21 vtas.

Traducir 10 cm a ptos., a través de R.T.S. 10 cm = 20 ptos.

Averiguar cant. de ptos. a desc. sobre 21 vtas.: 10 ptos.

Averiguar cada cuántas vtas. debo desc. 1 pto.: 21 vtas. ÷ 10 = 2 vtas.

Conclusión: Lev. una base de 30 cd., tejer ruedo en mvt. sobre cada pto. base, hasta obtener un alto de 3 cm. A partir de dicha medida comenzar a desc. cada 2 vtas. 1 pto. sobre un lat. 10 veces. Quedan 20 ptos.

b) 2° cálculo, según ejemplo:

Traducir 13 cm a vtas. a través de R.T.S., 13 cm = 13 vtas.

Traducir 5 cm a ptos. a través de R.T.S., 5 cm = 10 ptos. (escote)

Traducir 4 cm a vtas. a través de R.T.S., 4 cm = 4 vtas.

Conclusión: Continuar desc. del mismo lat. I pto. cada 2 vtas. 6 veces, al llegar a la 10ª vta. comenzar del lado del escote a desc. 4, 3, 2 y I pto. respectivamente. Quedan 4 ptos.

c) Tejer el otro medio delantero, invirtiendo los descuentos.

4. Manga raglán: (Véase molde)

a) Ier cálculo, según ejemplo:

Traducir según R.T.S. 20 cm a ptos., 20 cm = 40 ptos.+ 2 = 42 ptos.

Traducir según R.T.S. 25 cm a ptos., 24 cm = 48 ptos.+ 2 = 50 ptos.

Traducir según R.T.S. 15 cm a vtas., 15 cm = 15 vtas.

Averiguar cant. de ptos a amtar.:

50 ptos. − 42 ptos. = 8 ptos. ÷ 2 = 4 ptos. sobre cada lat.

Averiguar cada cuántas vtas. debo amtar. I pto.:

15 vtas ÷ 4 ptos = 4 vtas.

Conclusión: Lev. una base de 42 cd., tejer I mvt. sobre cada cd. base, repetir hasta tener un alto de 5 cm (puño). A partir de dicho alto comenzar a amtar. I pto. sobre cada lat. cada 4 vtas. 4 veces. Quedan 50 ptos.

b) 2° cálculo, según ejemplo:

Traducir según R.T.S. 6 cm a ptos., 6 cm = 12 ptos. + 2 = 14 ptos.

Sé que 15 cm = 15 vtas.

Averiguar cuántos ptos. debo desc. sobre cada lat.:

50 ptos. − 14 ptos. = 36 ptos. ÷ 2 = 18 ptos.

Conclusión: Continuar desc. sobre cada lat. I pto. cada vta. 10 veces, luego 2 ptos. sobre cada lat. 4 veces. Quedan 14 ptos. en la 15ª vta.

5. Terminación

a) Coser las partes (espalda, delantero y mangas).

b) Tejer las vistas en mvt. sobre cada medio delantero un alto de 8 cm, sobre la derecha, trabajar dúo de ojales que estén separados entre sí unos 5 cm, de dúo a dúo existe una distancia de 8 cm. Tejer 3 dúos de ojales.

c) Cuello: Trabajar los ptos. del escote en este orden: medio delantero incluyendo 2 cm de la vista, espalda más el otro medio delantero con sus 2 cm de vista. Tejer en ida y vuelta a base de mvt., trabajando amtos. en cada vta. sobre 3 puntos ubicados en cada extremo del medio delantero, dando la forma correspondiente. Tejer un alto de 10 cm.

d) Ribetear toda la prenda con pto. cangrejo.

e) Forrar los botones y coserlos.

1 • **Chaqueta calada** (véase pág. 40)
2 • **Remera** (véase pág. 50)

1 • **Poncho** (véase pág. 37)
2 • **Chambergo** (véase pág. 60)

▼ Esquema

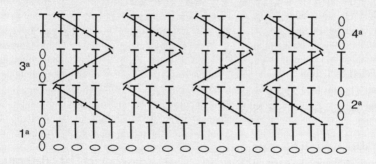

SIMBOLOGÍA

$\top$ = vareta

T = media vareta

$\bigcirc$ = cadena

▼ Moldes

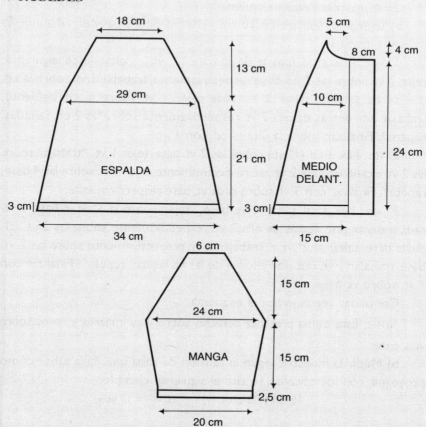

CHALECO

TALLE: 7 A 8 AÑOS

Materiales

▼ Cashmilon, 250 g
▼ Aguja de crochet N° 2

Abreviaturas

cd. (cadena), cant. (cantidad), desc. (descontar), lat. (lateral), lev. (levantar), mvt. (media vareta), mvt. rat. (media vareta en relieve atrás), pc. (punto corrido), pto. (punto), R.T.S. (regla de 3 simple), vt. (vareta), vt. r. (vareta en relieve), vt. rad. (vareta en relieve adelante), vt. rat. (vareta en relieve atrás), vta. (vuelta)

Ejecución

1. Muestra: (Véase esquema)

a) Tejer una muestra de 10 cm x 10 cm. Sobre base de cd. múltiplo de 6 + 1, trabajar:

1ª vta.: Lev. 2 cd. más la de la base (1ª vt.), *saltar la cd. siguiente, tejer 2 vt. sobre las 2 cd. base respectivamente, trabajar 1 vt. sobre la cd. que se ha saltado, saltar 2 cd. base tejer 1 vt. sobre la cd. siguiente, trabajar por detrás de ella 2 vt. respectivamente sobre las 2 cd. saltadas, repetir*. Finalizar sobre la última cd. con 1 vt.

2ª vta.: Lev. 3 cd. (1ª vt.) sobre las 2 vt. base. tejer 1 vt., *trabajar sobre las 2 vt. inclinadas base 2 vt. rat. respectivamente, tejer 4 vt. sobre las 4 base, repetir*. Finalizar con 3 vt. sobre cada vt. base respectivamente.

3ª vta.: Lev. 3 cd. saltar 2 vt. base, *tejer sobre la 1ª vt. r. base 1 vt. rad., trabajar por detrás de ella 2 vt. respectivamente sobre las 2 vt. saltadas base, saltar la 2ª vt. r., trabajar 2 vt. respectivamente sobre las 2 vt. base, trabajar 1 vt. rad. por encima de las vt. tejidas, repetir*. Finalizar con 1 vt. sobre vt. base.

Continuar según indica el esquema.

Nota: Esta trama presenta derecho sobre vtas. impares y revés sobre vtas. pares.

b) Medir la muestra según la tensión de cada una. Para saber cómo proseguir con los cálculos, se cita el siguiente ejemplo:

10 cm = 25 ptos.   10 cm = 13 vtas.

Ancho espalda / delantero = 42 cm. Traducir 42 cm a ptos., a través de R.T.S.

$$10 \text{ cm} \underline{\hspace{2cm}} 25 \text{ ptos.}$$

$$42 \text{ cm} \underline{\hspace{1cm}} \frac{42 \text{ cm} \times 25 \text{ ptos.}}{10 \text{ cm}} = 105 \text{ ptos. (llevar a múltiplo 6 + 1)}$$

Elegir los múltiplos de 6 más cercanos a 105 (102 y 108), según la tensión, aquí se eligió la menor, por lo tanto, la cant. de cd. que se necesita es 102 + 1 = 103 cd. = 42 cm

2. Espalda: (Véase molde)

a) Sobre base de 103 cd. (según ejemplo) tejer recto hasta tener 25 cm de alto.

b) Sisa: 5 cm a ptos., según ejemplo 5 cm = 12,5 = 13 ptos.

Estos ptos. se descuentan sobre el inicio y final de cada vta. (4, 3, 2, 2, 1, 1, respectivamente).

Tejer recto hasta tener un alto de 18 cm, luego tejer por separado los ptos. correspondientes al hombro 1,5 cm más.

3. Delantero: (Véase molde)

a) y b) Ídem a la espalda.

Tejer recto 3,5 cm para comenzar el escote en V.

Escote en V: Traducir 14 cm a ptos., según ejemplo 14 cm = 35 ptos.

Traducir 16 cm a vtas., según ejemplo 16 cm = 21 vtas.

El centro se marca con un pto., quedan 34 ptos. ÷ 2 = 17 ptos.

Conclusión: Dividir la prenda por la mitad a través del pto. centro y trabajar por separado en cada lat. los descuentos. Desc. 1 pto. cada vta. por medio 4 veces y luego desc. 1 pto. en todas las vtas., 13 veces. Quedan los ptos. correspondientes al hombro.

4. Terminación

a) Coser hombros y laterales con pc.

Practicar el pto. elástico (1 mvt. rad, 1 mvt. rat.), sobre escote y mangas en 2 cm y sobre ruedo en 3 cm de ancho.

Nota: En este trabajo se reemplazó la simbología de la vareta en relieve adelante para darle mayor claridad al esquema.

▼ Esquema

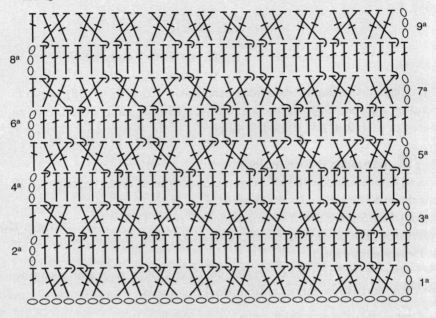

SIMBOLOGÍA

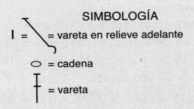

= vareta en relieve adelante

= cadena

= vareta

▼ Moldes

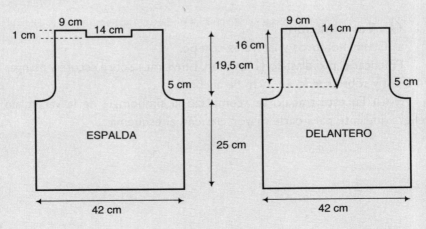

ESPALDA

9 cm
14 cm
1 cm
5 cm
42 cm

DELANTERO

9 cm
14 cm
16 cm
19,5 cm
5 cm
25 cm
42 cm

CAPÍTULO 3

Prendas para dama

PONCHO

TALLE 44-46

Materiales

▼ Dralon: negro, 300 g
    marrón oscuro, 200 g
    ocre, 200 g
    marrón claro, 200 g
▼ Aguja de crochet N° 0

Abreviaturas

cd. (cadena), laz. (lazada), lev. (levantar), mp. (medio punto), pc. (punto corrido), pto. (punto), vt. (vareta), vt. d. (vareta doble), vta. (vuelta)

Ejecución

1. Cuadrado: (Véase esquema)

Lev. una base de 5 cd., cerrar la última con la 1ª con pc.; queda formado un anillo, tejer:

1ª vta.: Lev. 3 cd. (1ª vt.) más 1 cd., *tejer 1 vt. dentro del anillo, lev. 1 cd., repetir*. Finalizar cerrando con pc. la cd. con la 1ª vt., quedan formados 12 espacios.

2ª vta: Sobre la 1ª cd. base, lev. 3 cd. (1ª vt.) tejer sobre el mismo espacio el 1er tiempo de 1 vt. tomar 1 laz. *cerrar juntos ambos anillos (grupo), lev. 2 cd., tejer en el espacio siguiente un grupo, lev. 2 cd., trabajar en el espacio que sigue un grupo, lev. 3 cd., tejer sobre la vt. vecina 1 vt. d., lev. 3 cd., repetir*. Finalizar uniendo las 3 cd. al 1er grupo con pc. Queda definido el cuadrado.

3ª vta.: Deslizar con pc. hasta el grupo intermedio, lev. 1 cd., *tejer 1 mp., lev. 2 cd., trabajar sobre el espacio de 3 cd. base 4 vt., lev. 2 cd., tejer 1 vt. d. sobre la vt. d. base, lev. 3 cd., tejer 1 pc. sobre la vt. d. base (picot), lev. 2 cd., sobre espacio de 3 cd. base trabajar 4 vt., lev. 2 cd., repetir*. Finalizar uniendo 2 cd. al 1er mp. con pc.

37

2. Uniones: (Véase esquema).

Se trabajan con mp. distribuidos sobre cada lat. de los cuadrados a unir; para ello, a partir del 2° cuadrado, tejer:

1ª y 2ª vtas.: De igual manera a la explicada anteriormente.

3ª vta.: Se usará para unir el cuadrado vecino de la siguiente forma: Deslizar con pc. hasta el grupo intermedio, lev. I cd., tejer I mp., lev. 2 cd, trabajar sobre el espacio de 3 cd. base 4 vt., lev. 2 cd., tejer I vt. d. sobre la rt. d. base, lev. I cd. (tomar el I er cuadrado enfrentando revés con revés) trabajar I mp. en el I er picot de dicho cuadrado (Iª unión en vértice), lev. I cd., tejer I pc. sobre la vt. d. trabajada del 2° cuadrado, lev. 2 cd. tejer 4 vt. sobre las 3 cd. base de dicho cuadrado, lev. I cd., trabajar I mp. en el 2° arco de 2 cd. del I er cuadrado (2ª unión, intermedia), lev. I cd., tejer I mp. sobre el grupo intermedio base del 2° cuadrado, lev. I cd., trabajar I mp. sobre arco vecino de 2 cd. del I er cuadrado (3ª unión, intermedia) lev. I cd., trabajar 4 vt. sobre el arco de 3 cd. del 2° cuadrado, lev. 2 cd., tejer I vt. d. sobre la vt. d. de dicho cuadrado, lev. I cd., tejer I mp. sobre el 2° picot del I er cuadrado (4ª unión, en vértice) lev. I cd., tejer I pc. sobre la vt. d. del 2° cuadrado, continuar tejiendo el 2° cuadrado hasta completar la vta.

Nota: En el encuentro de dos o tres vértices, siempre se toma en la unión el mp. común a dichos enlaces.

3. Espalda, delantero: (Véase molde).

Ambas partes se arman de igual manera, para ello tener en cuenta:

a) Cada cuadrado se trabaja de un color, para tener un control de ubicación y así facilitar las uniones, se dará un número a cada color:

I) Marrón oscuro, 2) Ocre, 3) Marrón claro, 4) Negro

b) Comenzar el armado desde el escote.

c) Respetar en la unión, la enumeración de cada cuadrado.

d) Lograr un largo total de 80 cm por un ancho máximo de 90 cm.

e) Tener en cuenta las uniones de cuadrados en el momento de unir la espalda con el delantero.

4. Terminaciones

a) Ribetear el escote con mp. hasta tener una tirilla de 2 cm, para respetar la forma del escote en V; tejer siempre el pto. central, desc. los 2 ptos. vecinos a éste sobre cada vta.

b) Ribetear el ruedo con mp. hasta obtener un ancho de 3 cm.

c) Aplicar flecos de 20 cm.

▼ Esquemas

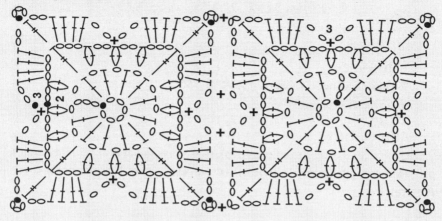

SIMBOLOGÍA

$\dagger$ = vareta

$\bigcirc$ = cadena

● = punto corrido

+ = medio punto

$\ddagger$ = vareta doble

$\langle \dagger \rangle$ = 2 varetas juntas

▼ Molde con distribución de motivos

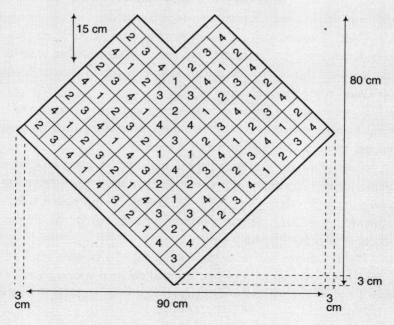

CHAQUETA CALADA

TALLE: 38-40

Materiales
▼ Hilo de algodón crochet, tipo N° 5, 350 g
▼ Aguja de crochet N° 4

Abreviaturas
cd. (cadena), mp. (medio punto), mvt. (media vareta), lev. (levantar), pto. (punto), pc. (punto corrido), vt. (vareta), vt. d. (vareta doble), vta. (vuelta)

Ejecución

1. Tejido:
a) Cuadrado tipo A: (Véase esquema).
Sobre base de 6 cd., unir la última con la 1ª con pc.; queda formado un anillo, tejer:

1ª vta.: Lev. 1 cd., rellenar el anillo con 16 mp. Cerrar la vta. con pc.

2ª vta.: Lev. 3 cd. (1ª vt.) más 3 cd., *saltar 1 mp. base trabajar 1 vt., lev. 3 cd., repetir*, finalizar la vta. uniendo las 3 últimas cd. con la 1ª vt. con pc. Quedan formados 8 espacios.

3ª vta.: Lev. 1 cd., rellenar cada espacio base con 1 mp., 1 mvt., 5 vt., 1 mvt., 1 mp. Finalizar uniendo con pc. el último mp. del último arco con el 1er mp. del 1er arco. Quedan formados 8 pétalos.

4ª vta.: Deslizar con pc. sobre la 1ª vt. base de la 2ª vta., lev. 1 cd. tejer 1 mp., lev. 5 cd. *trabajar 1 mp. sobre la siguiente vt. base de la 2ª vta., lev. 5 cd., repetir*. Finalizar uniendo con pc. las últimas 5 cd. al 1er mp. Quedan formados 8 arcos de cd.

5ª vta.: Lev. 1 cd., rellenar cada arco con 1 mp., 1 mvt., 6 vt., 1 mvt., 1 mp. Finalizar uniendo con pc. el último mp. del último arco con el 1er mp. del 1er arco. Quedan formados 8 pétalos.

6ª vta.: Deslizar con pc. sobre el mp., mvt, vt. hasta la 2ª vt. del 1er pétalo, lev. 1 cd., trabajar 1 mp. sobre dicha vt. base *lev. 6 cd., saltar 2 vt. base y en la 3ª tejer 1 mp., lev. 6 cd., trabajar 1 mp. sobre la 2ª vt. del siguiente pétalo base, repetir*. Finalizar uniendo con pc. las últimas 6 cd. con el 1er mp. del 1er pétalo base.

7ª vta.: Deslizar con pc. hasta la mitad del 1er arco base, lev. 1 cd., tejer 1 mp., *lev. 6 cd., trabajar 1 mp. en la mitad del arco vecino base, lev. 6 cd., tejer 1 mp. en la mitad del arco siguiente, lev. 4 cd., trabajar al arco vecino base 4 vt., 4 cd., 4 vt. (vértice), lev. 4 cd., tejer 1 mp. en la mitad del arco vecino base, repetir*. Finalizar uniendo con pc. las últimas 4 cd. con el 1er mp.

Nota: Este tipo de cuadrado presenta la flor en relieve.

b) Cuadrado tipo B: (Véase esquema).

Sobre base de 6 cd., formar un anillo, uniendo la última cd. con la 1ª con pc, tejer:

1ª y 2ª vta.: Ídem al cuadrado tipo A.

3ª vta.: Lev. 1 cd., rellenar cada espacio base con 1 mp., 2 mvt., 2 vt., 2 vt. d., 2 vt., 2 mvt. y 1 mp. Finalizar uniendo con pc. el último mp. del último espacio base con el 1er mp. del 1er arco base. Quedan formados 8 pétalos.

4ª vta.: Deslizar con pc. sobre el mp. y 2 mvt. del 1er pétalo base, lev. 1 cd., tejer 1 mp. sobre la vt. de dicho pétalo, *lev. 6 cd. saltar (1 vt., 2 vt. d. y 1 vt.), trabajar 1 mp. en la vt. vecina de dicho pétalo, lev. 6 cd. tejer 1 mp. sobre la 1ª vt. del pétalo vecino base, repetir*. Finalizar uniendo con pc. las últimas 6 cd. con el 1er mp. del 1er pétalo base.

5ª vta.: Ídem a la 7ª vta. del cuadrado A.

c) Medio cuadrado tipo B: Sobre base de 6 cd., formar anillo, uniendo la última cd. con la 1ª con pc., tejer:

1ª vta.: Lev. 1 cd. rellenar con 9 mp.

Nota: A partir de esta vta. tejer con técnica de tejido recto (ida y vuelta).

2ª vta.: Lev. 6 cd. *saltar 1 mp. base tejer 1 vt., lev. 3 cd., repetir* 3 veces más. Quedan formados 4 espacios.

3ª vta.: Lev. 1 cd., rellenar cada espacio con 1 mp. 2 mvt., 2 vt., 2 vt. d., 2 vt., 2 mvt. y 1 mp. Quedan formados 4 pétalos.

4ª vta.: Lev. 5 cd., tejer 1 mp. en la 1ª vt. del 1er pétalo, *lev. 6 cd. saltar (1 vt., 2 vt. d., 1 vt.) trabajar en la vt. siguiente 1 mp., lev. 6 cd. tejer 1 mp. en la 1ª vt. del pétalo vecino, repetir*. Finalizar levantando 3 cd., trabajar 1 vt. en el último mp. del último pétalo.

5ª vta: Lev. 3 cd. (1ª vt.) rellenar 1er arco base con 3 vt. más, lev. 4 cd. *tejer 1 mp. en la mitad del arco vecino base, lev. 6 cd. trabajar 1 mp. sobre la mitad del arco siguiente base, lev. 6 cd. tejer 1 mp. en la mitad del arco vecino base, lev. 4 cd., rellenar el arco siguiente con (4 vt., 4 cd., 4 vt.), lev. 4 cd., repetir*. Finalizar tejiendo en el último arco 4 vt.

2. Uniones de cuadrados:

Tipo A: A partir del 2° cuadrado se tejerá hasta la 6ª vta. inclusive. La última vta. (7ª) se usará para practicar uniones, que se trabajan con mp., de la siguiente manera:

7ª vta.: Deslizar con pc. hasta la mitad del 1er arco base, lev. 1 cd., tejer 1 mp., lev. 6 cd., trabajar 1 mp. en la mitad del arco vecino base, lev. 6 cd., tejer 1 mp. en la mitad del arco base siguiente, lev. 4 cd., tejer sobre el arco vecino base 4 vt., 2 cd. (tomar el 1er cuadrado, enfrentar revés con revés, sobre la esquina correspondiente) tejer 1 mp. (1er mp. unión de esquina), lev. 2 cd., trabajar 4 vt. sobre el mismo arco base del 2° cuadrado, lev. 2 cd., tejer 1 mp. sobre el 1er arco del 1er cuadrado (2° mp. de unión intermedia), lev. 2 cd., trabajar 1 mp. en el arco vecino correspondiente del 2° cuadrado, lev. 2 cd., tejer 1 mp. sobre el 2° arco vecino del 1er cuadrado (3er mp. de unión intermedia), lev. 2 cd., trabajar 1 mp. en el arco vecino del 2° cuadrado, lev. 2 cd., tejer 1 mp. en el 3er arco vecino del 1er cuadrado (4° mp. de unión intermedia), lev. 2 cd., trabajar 1 mp. en el arco correspondiente del 2° cuadrado, lev. 2 cd., tejer 1 mp. en el 4° arco vecino del 1er cuadrado (5° mp. de unión intermedia) lev. 2 cd., trabajar en el arco vecino del 2° cuadrado 4 vt., lev. 2 cd. tejer 1 mp. en la 2ª esquina del 1er cuadrado (6° mp. de unión de esquina), lev. 2 cd. y sobre el mismo arco del 2° cuadrado tejer 4 vt., lev. 4 cd. Continuar tejiendo lo correspondiente a esta vta. para completar este 2° cuadrado.

Nota: Este tipo de unión se usará para ambos tipos (A y B), ya que la última vta. es semejante a ambos cuadrados.

3. Espalda, medio delantero, manga: (Véase molde).

Cada una de estas partes se arma a través de la unión de cuadrados, para ello tener en cuenta:

a) Medida del cuadrado tejido, ya sea el tipo A o el B.

b) Armar cada una de las partes según indican los moldes, logrando las medidas y respetando el tipo de cuadrado a unir.

c) Trabajar las costuras de las partes entre sí (espalda + medio delantero + manga) con unión de cuadrados.

d) Mangas: Tejer los medios cuadrados, ubicados según indica el molde. Cubrir la diferencia existente entre medio cuadrado y puño con arcos de 3 cd., para rellenarla.

4. Terminaciones

Una vez armada la chaqueta, tejer:

a) Tirilla en mp., de 2 cm, que cubra espalda, medio delantero, escote y medio delantero.

b) Sobre la vista correspondiente al medio delantero, ubicar los ojales.

c) En cada manga practicar en mp. un puño de 2 cm de ancho.

d) Coser los botones. Para este modelo se optó por los botones peruanos (Véase página. 19).

Nota: Si se desean realizar talles especiales, armar de igual manera, cubriendo con cuadrados, la superficie de los moldes correspondientes.

▼ Esquemas

ESQUEMA CUADRADO, TIPO A

ESQUEMA CUADRADO, TIPO B

SIMBOLOGÍA

⊤	=	vareta
◯	=	cadena
●	=	punto corrido
✚	=	medio punto
⊤	=	vareta doble
⊤	=	media vareta

▼ Diagrama

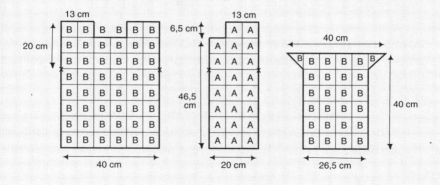

MONTGOMERY

Materiales

▼ Lana tipo vicuña, 1.750 g
▼ Aguja de crochet N° 0
▼ Aguja de crochet N° 1
▼ Alamares, 6

Abreviaturas

amtar. (aumentar), cd. (cadena), cant. (cantidad), desc. (descontar), lev. (levantar), mp. (medio punto), pto. (punto), pas. (pasada), R.T.S. (regla de 3 simple), vt. (vareta), vt. d. (vareta doble), vt. t. (vareta triple), vt. d. rat. (vareta doble en relieve atrás), vt. t. rat. (vareta triple en relieve atrás), vt. t. rad. (vareta triple en relieve adelante), vta. (vuelta)

Ejecución

1. Muestra:

a) En crochet: (Véase esquema). Con aguja N° 0 tejer una muestra de 10 cm x 10 cm, sobre base de cd. cuya cantidad debe ser múltiplo de 4 + 2, tejer:

1ª vta.: Lev. 3 cd. más la última de la base se forma la 1ª vt. d., tejer 2 vt. d. ubicadas sobre cada cd. base, *saltar 2 cd. base y sobre las 2 cd. vecinas tejer 2 vt. d., trabajar por delante de ellas 2 vt. d. ubicadas sobre las 2 cd. saltadas, tejer 4 vt. d. sobre 4 cd. base respectivamente, repetir*. Finalizar la vta. con 3 vt. d. sobre las 3 últimas cd. base respectivamente.

2ª vta.: Lev. 4 cd. (1ª vt. d.), *saltar dúo de vt. d. base, tejer dúo de vt. t. rat. sobre el 1er dúo base de vt. d., trabajar por delante de ellas, dúo de vt. d. sobre las 2 vt. d. saltadas, saltar 2° dúo de cruce base, tejer dúo de vt. d. sobre dúo de vt. d. base, trabajar por detrás de ellas dúo de vt. t. rat. sobre 2° dúo cruce saltado, repetir*. Finalizar con 1 vt. d.

3ª vta.: Lev. 4 cd. (1ª vt. d.) saltar 1ª vt. t. base, tejer 1 vt. t. rad. sobre la 2ª base, trabajar por delante de ésta 1 vt. t. rad. sobre la vt. t. base saltada (cruce),* tejer 4 vt. d. ubicadas sobre vt. d. base, saltar dúo vt. t. base, trabajar dúo de vt. t. rad. sobre el dúo vecino de vt. t., tejer por delante de ellas dúo de vt. t. rad. sobre el dúo de vt. t. saltadas, repetir*. Finalizar con cruce de 2 vt. t. rad. sobre último dúo de vt. t. base más 1 vt. d. sobre vt. d. base.

4ª vta.: Lev. 4 cd. (1ª vt. d.), tejer 2 vt. d. rat. ubicadas sobre cada vt. t. base respectivamente,* trabajar 4 vt. d. sobre las 4 base respectivamente, tejer 4 vt. d. rat. sobre cada dúo de vt. t. base respectivamente, repetir*. Finalizar con 2 vt. d. rat. sobre cruce de vt. t. base más 1 vt. d. sobre vt. d. base.

5ª *vta.:* Lev. 4 cd. (1ª vt. d.) saltar vt.d. base, trabajar sobre la 2ª 1 vt. t. rad., tejer por delante de ella 1 vt. t. rad. sobre la vt. d. base saltada (cruce), *trabajar 4 vt. d. sobre las 4 vt. d. base, saltar dúo de vt. d. base, sobre el vecino tejer dúo de vt. t. rad., por delante de ellas tejer dúo de vt. t. rad. sobre el dúo de vt. d. saltado, repetir*. Finalizar con cruce de vt. t. rad. sobre dúo de vt. d. más 1 vt. d. sobre vt. d. base.

6ª *vta.:* Lev. 4 cd. (1ª vt. d.), saltar cruce de vt. t. base, tejer dúo de vt. d. sobre 1er dúo de vt. d. base, por detrás de ellas tejer dúo de vt. t. rat. sobre cruce saltado, *saltar dúo de vt. d. base, trabajar dúo de vt. t. rat. sobre 1er dúo de vt. t. base, por delante de ellas tejer dúo de vt. d. sobre las vt. d. saltadas, saltar 2° dúo de vt. t. base, trabajar dúo de vt. d. sobre dúo de vt.d. base, por detrás de ellas tejer dúo de vt. t. rat. sobre dúo saltado, repetir*. Finalizar con vt. d. sobre vt. d. base.

7ª *vta.:* Lev. 4 cd. (1ª vt. d.), tejer 2 vt. d. sobre dúo de vt. d. base, *saltar dúo de vt. t. base, trabajar dúo de vt. t. rad. sobre 2° dúo de vt. t. base, por delante de ellas tejer dúo de vt. t. rad. sobre el dúo saltado, tejer 4 vt. d. ubicadas sobre cada dúo de vt. d. base, repetir*. Finalizar con 3 vt. d. sobre 3 vt. d. base.

8ª *vta.:* Lev. 4 cd. (1ª vt. d.) tejer 2 vt. d. sobre cada vt. d. base, *tejer 4 vt. d. rat. ubicadas sobre cada dúo de vt. t. base, trabajar 4 vt. d. sobre las 4 vt. d. base, repetir*. Finalizar con 3 vt. d. ubicadas sobre cada vt. d. base.

9ª *vta.:* Lev. 4 cd. (1ª vt. d.), tejer 2 vt. d. ubicadas sobre cada vt. d. base, *saltar 1er dúo de vt. d. base, trabajar dúo de vt. t. rad. sobre el 2° dúo de vt. d. base, por delante de ellas tejer dúo de vt. t. rad. sobre el dúo saltado, trabajar 4 vt. d. sobre las 4 base, repetir*. Finalizar con 3 vt. d. ubicadas sobre cada vt. d. base.

Nota: Sobre vtas. impares se tiene el derecho del tejido y sobre las pares el revés.

Continuar tejiendo las siguientes vtas. retomando la lectura desde la 2ª vta., hasta obtener una muestra de 10 cm de alto. Para saber cómo proseguir con los cálculos, se cita el siguiente ejemplo:

10 cm = 22 ptos.   10 cm = 10 vtas.

b) En jersey: Tejer con hebra doble, una muestra de 10 cm x 10 cm, ya sea a máquina o a mano. Para saber proseguir con los cálculos se cita el siguiente ejemplo, valores obtenidos con tejido a máquina:

10 cm = 18 ptos.   10 cm = 23 pas.

Nota: Para tejido a máquina, utilizar aguja por medio y graduación N° 9.

2. Espalda: (Véase molde).

Trabajar en pto. jersey, tejer tres partes, una central y dos laterales:

a) Central: A través de R.T.S., traducir 28 cm a ptos., según ejemplo:

$$10 \text{ cm} \text{———} 18 \text{ ptos.}$$

$$28 \text{ cm} \text{———} \frac{28 \text{ cm} \times 18 \text{ ptos.}}{10 \text{ cm}} = 50 \text{ ptos}$$

A través de R.T.S., traducir 40 cm a ptos.: 40 cm = 72 ptos.

A través de R.T.S., traducir 45 cm a pas.: 45 cm = 104 pas.

A través de R.T.S., traducir 35 cm a pas.: 35 cm = 81 pas.

Cant. de ptos. a amtar. sobre cada lat:

72 ptos. − 50 ptos. = 22 ptos. ÷ 2 = 11 ptos.

¿Cada cuántas pas. se debe aumentar un pto. sobre cada lat.?:

81 pas. ÷ 11 ptos. = 7 pas.

Conclusión: Montar 50 ptos., tejer recto hasta obtener 104 pas., con cuenta pas. en cero y punzón de tres púas, aumentar 1 pto. de cada lat., cada 7 pas., 11 veces hasta la pas. 81.

b) Lateral: A través de R.T.S., traducir 14 cm a ptos.: 14 cm = 25 ptos.

A través de R.T.S., traducir 11 cm a ptos.: 11 cm = 19 ptos.

Cant. de ptos. a amtar. sobre un lat.: 25 ptos. − 19 ptos. = 6 ptos.

¿Cada cuántas pas. se debe aumentar 1 pto. sobre un lat.?:

81 pas. ÷ 6 = 14 pas.

Conclusión: Montar 25 ptos., tejer recto hasta la pas. 104, con cuenta pas. en cero, aumentar un pto. sobre un lat. cada 14 pas. 6 veces hasta la pas. 81.

c) Tejer el otro lat., invirtiendo los aumentos.

d) Marcar con hilo contrastante el alto de sisa sobre cada lat. a los 27 cm.

e) Coser las tres partes con aguja de coser lana, humedecer y planchar conservando las medidas.

3. Medio delantero: (Véase molde). Trabajar en crochet, calcular según ejemplo:

a) A través de R.T.S. traducir 28 cm a ptos.: 28 cm = 63 ptos.

b) Llevar a múltiplo de 4 + 2: 63 pasa a 64 (múltiplo de 4) + 2 = 66 ptos.

c) A través de R.T.S., traducir 20 cm a ptos.:

$$28 \text{ cm} \text{———} 66 \text{ ptos.}$$

$$20 \text{ cm} \text{———} \frac{20 \text{ cm} \times 66 \text{ ptos.}}{28 \text{ cm}} = 47 \text{ ptos.}$$

d) Traducir 8 cm a ptos.: 66 ptos. − 47 ptos. = 19 ptos.

e) A través de R.T.S., traducir 73 cm a vtas.: 73 cm = 73 vtas.

f) Traducir 7 cm a vtas: 7 cm = 7 vtas.

Conclusión: Sobre base de 66 ptos. tejer (según esquema) recto hasta obtener 73 vtas. Comenzar a formar el escote, descontando 5, 4, 3, 3, 2, 1 y 1 pto. respectivamente. Quedan los 47 ptos. pertenecientes al hombro.

g) Tejer el otro medio delantero, invertir descuentos del escote. Marcar con hilo contrastante el alto de sisa a los 27 cm.

4. Manga italiana directa: (Véase molde). Tejer en jersey (máquina o a mano), en forma directa teniendo en cuenta, según ejemplo, estos cálculos:

a) A través de R.T.S., traducir 54 cm a ptos.: 54 cm = 97 ptos.

b) A través de R.T.S., traducir 26 cm a ptos.: 26 cm = 47 ptos.

c) A través de R.T.S., traducir 43 cm a pas.: 43 cm = 99 pas.

d) Cant. de ptos. a desc. sobre cada lat.:

97 ptos. − 47 ptos. = 50 ptos. ÷ 2 = 25 ptos.

¿Cada cuántas pas. se debe desc. 1 pto. sobre cada lat.?:

99 pas. ÷ 25 ptos. = 3 pas.

Conclusión: Coser hombros de espalda y medio delantero, montar de sisa a sisa 97 ptos., a partir de la 2ª pas., trabajar 1 desc. sobre cada lat. cada 3 pas. 25 veces hasta llegar a las 99 pas. Quedan 47 ptos.

e) Tejer la otra manga.

5. Media capucha: (Véase molde). Tejer en jersey (máquina o a mano), teniendo en cuenta, según ejemplo, estos cálculos:

a) A través de R.T.S., traducir 30 cm a ptos.: 30 cm = 54 ptos.

b) A través de R.T.S., traducir 20 cm a ptos.: 20 cm = 36 ptos.

c) A través de R.T.S., traducir 30 cm a pas.: 30 cm = 69 pas.

d) A través de R.T.S., traducir 5 cm a pas.: 5 cm = 12 pas.

e) Cant. de ptos. a desc. sobre un lat.: 54 ptos. − 36 ptos. = 18 ptos.

Conclusión: Montar 54 ptos., tejer recto hasta tener 69 pas., con cuenta pas. en 0, desc. sobre un lat. 1,1,1,1,1,1,2,2,3 y 4 ptos. respectivamente sobre las 12 pas. restantes. Quedan 36 ptos.

f) Tejer la otra media capucha, invirtiendo los descuentos.

g) Coser ambas mitades, practicar sobre la base mayor un tubular de 2 cm.

6. Terminaciones

a) Armar la prenda cosiendo todas la partes.

b) Tejer con aguja N° 1, ruedo y puños en mp., con hebra doble en 3 cm de alto.

c) Tejer con aguja N° 1 tirilla en mp. sobre medios delanteros y capucha, con lana doble, inicialmente 3 cm, continuar las vistas por separado, ubicar seis ojales, trabajar un alto de 6 cm.

d) Tejer los bolsillos (véase molde) en jersey, finalizar con 3 cm en mp., coser a la prenda.

e) Humedecer y planchar toda la prenda.

f) Coser los alamares.

▼ Esquema

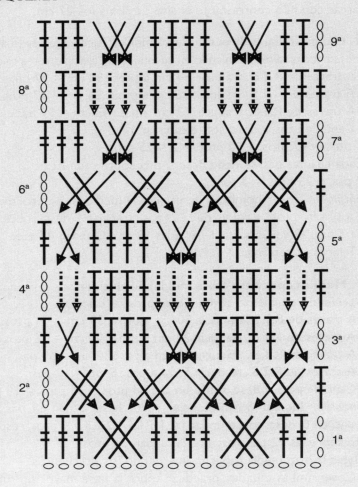

SIMBOLOGÍA

↓ = vareta triple en relieve adelante

⋮ = vareta doble en relieve atrás

╪ = vareta doble

○ = cadena

▼ MOLDES

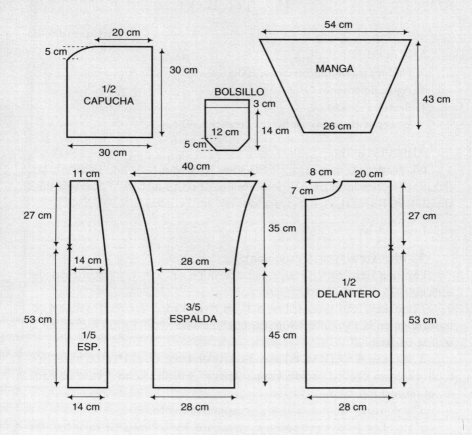

1/2 CAPUCHA
20 cm
5 cm
30 cm
30 cm

BOLSILLO
3 cm
12 cm
14 cm
5 cm

MANGA
54 cm
43 cm
26 cm

1/5 ESP.
11 cm
27 cm
14 cm
53 cm
14 cm

3/5 ESPALDA
40 cm
35 cm
28 cm
45 cm
28 cm

1/2 DELANTERO
8 cm
7 cm
20 cm
27 cm
53 cm
28 cm

REMERA

Materiales

▼ Hilo macramé mercerizado, 200 g
▼ Aguja de crochet N° 3
▼ Breteles rasados, 2
▼ Entretela de jersey de 90 cm de ancho, 40 cm

Abreviaturas

cd. (cadena), cant. (cantidad), desc. (descontar), lat. (lateral), laz. (lazada), lev. (levantar), mp. (medio punto), pto. (punto), R.T.S. (regla de 3 simple), vt. (vareta), vt. d. (vareta doble), vta. (vuelta)

Ejecución

1. Muestra (Véase esquema):

Lev. una base de cd., cuya cant. termine en 5 + 1, para el caso del esquema 25 + 1 = 26 cd.

1ª vta: Lev. 1 cd. tejer sobre la 1ª cd. base 1 mp., *lev. 6 cd., saltar 4 cd. base, tejer en la siguiente 1 mp., repetir*. Finalizar con 1 mp. ubicado en la última cd. base.

2ª vta.: Lev. 4 cd. (1ª vt. d.) más 3 cd., tejer 1 mp. en el 1er arco base, *lev. 6 cd., tejer en el arco vecino 1 mp., repetir*. Finalizar con 1 vt. d. ubicada en el último mp. base.

3ª y 4ª vtas.: Ídem a la 1ª y 2ª respectivamente.

5ª vta.: Lev. 1 cd., tejer sobre la vt. d. base 1 mp. *lev. 3 cd. tejer los dos primeros tiempos de 2 vt. tomar 1 laz. y cerrar las 2 juntas (grupo), trabajar en la mitad del arco vecino un grupo, lev. 3 cd. y sobre el mismo arco tejer 1 mp. (queda formado un par de grupos), lev. 6 cd. trabajar en la mitad. del arco siguiente 1 mp., repetir*. Finalizar con 1 mp. ubicado en la 4ª cd. base.

6ª vta.: Lev. 4 cd. (1ª vt. d.), *tejer un grupo sobre el encuentro del par de grupos base, lev. 3 cd., trabajar 1 mp. en dicho encuentro, lev. 3 cd., sobre dicho encuentro tejer un grupo, lev. 3 cd., trabajar 1 mp. en el arco vecino base, lev. 3 cd., repetir*. Finalizar con 1 vt. d. ubicada sobre el mp. base.

7ª vta.: Lev. 1 cd. tejer 1 mp. sobre la vt. d. base, lev. 6 cd. *trabajar 1 mp. sobre el 2° grupo del 1er par base, lev. 3 cd. tejer un grupo sobre dicho mp., sobre el 1er grupo del 2° par base, trabajar un grupo, lev. 3 cd., tejer 1 mp. sobre dicho grupo, lev. 6 cd., repetir*. Finalizar con 1 mp. sobre el 2° grupo del último par base.

8ª vta.: Lev. 7 cd., *tejer 1 mp. sobre el 1er arco base, lev. 3 cd., tejer un par de grupos sobre el encuentro del par de grupos base (ídem a la 6ª vta.), lev. 3 cd., repetir*. Finalizar con vt. d. sobre el mp. base.

9ª y 10ª vtas.: Ídem a la 1ª y 2ª vtas. respectivamente.

Nota: Repetir desde la 3ª vta. Continuar hasta superar un alto de 10 cm. De acuerdo con la tensión de cada una, anotar cant. de ptos. y vtas. según muestra. Para proseguir con los cálculos, se cita el siguiente ejemplo:

10 cm = 12 vtas.   y   10 cm = 7 arcos = 35 cd. + 1 = 36 cd.

2. Espalda: (Véase molde).

a) Cálculos: Aplicar R.T.S.

$$10 \text{ cm} \text{ —————— } 36 \text{ cd.}$$

$$37 \text{ cm} \text{ —————— } \frac{37 \text{ cm} \times 36 \text{ cd.}}{10 \text{ cm}} = 133, 2 \text{ cd.}$$

Según lo indicado en la muestra, dicha cant. debe terminar en 5 y luego sumarle 1, por lo tanto: A 133, llevarlo a 135 + 1 = 136 cd.

b) Lev. una base de 136 cd., tejer recto, según esquema, unos 34 cm, cortar el hilo.

3. Delantero: (Véase molde).

a) y b) Ídem a la espalda.

c) Cálculo:

Sisa: A través de R.T.S., traducir 8 cm a arcos = 6 arcos

A través de R.T.S., traducir 10 cm a vtas. = 12 vtas

Escote: A través de R.T.S. traducir 21 cm a arcos = 15 arcos

Llevar 15 a N° par = 14 arcos ÷ 2 = 7 arcos a desc. sobre cada lat.

A través de R.T.S. traducir 8 cm a vtas. = 10 vtas.

Para formar cada tasa, se deben descontar arcos tanto de la sisa como del escote, en un total de 12 vtas. Por lo tanto se tiene:

Arcos de sisa + arcos de escote = 13 arcos a desc. sobre 12 vtas. (desc. 1 arco por vta.).

El descuento se trabaja:

Inicio de vta.: Deslizar con pc. hasta la mitad del 1er arco base, lev. 1 cd. tejer 1 mp. Al final de vta. tejer 1 mp. en la mitad. del último arco base.

Conclusión: A partir de 34 cm de alto de tejido, desc. un arco de cada lado de la sisa, continuar recto unos 2 cm más. Dividir el tejido por la mitad, comenzar a dar forma a cada tasa trabajando cada mitad por separado. Desc. 1 arco por vta. hasta tener un solo arco, respetar el esquema.

4. Terminaciones

a) Coser laterales.

b) Ribetear en mp. escote y ruedo, en un ancho de 1 cm.

c) Ribetear con pto. cangrejo.

d) Forrar la remera con la entretela de jersey.

e) Tejer breteles de 1cm ancho x 14 cm de largo, coserlos sobre los de raso. Coser los breteles a la remera.

▼ Esquema

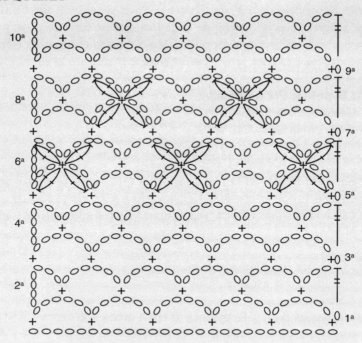

SIMBOLOGÍA

$\top$ = vareta doble

$\bigcirc$ = cadena

$+$ = medio punto

$\langle\rangle$ = 2 varetas juntas

▼ Moldes

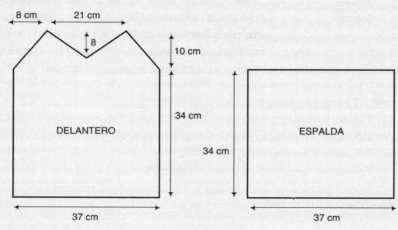

CAPÍTULO 4

Accesorios para vestir

CHAL

Materiales

▼ Cinta de seda, 250 g
▼ Aguja de crochet N° 0

Abreviaturas

amto. (aumento), cd. (cadena), cant. (cantidad), mp. (medio punto), lev. (levantar), pto. (punto), pc. (punto corrido), vt. (vareta), vt. d. (vareta doble), vta. (vuelta)

Ejecución

1. Tejido: (Véase esquema).
Lev. I base de 6 cd., unir la última con la Iª con pc., tejer
Iª vta.: Lev. 6 cd., tejer I vt. sobre el pc. base (amto.), lev. 2 cd., saltar 2 cd. base, trabajar I vt. sobre la 3ª cd. base, lev. 2 cd., tejer I vt. d. sobre la misma cd. base anterior (amto.). Quedan formados tres cuadrados.
2ª vta.: Lev. 6 cd. tejer I vt. sobre la vt. d. base (amto.), *lev. 2 cd., tejer I vt. sobre la vt. base vecina, repetir*. Finalizar con I vt. d. insertada en la misma cd. base de la vt. anterior (amto.). Quedan formados 5 cuadrados.
Continuar las vtas. siguientes respetando:
a) Amto. inicial y final según lo explicado.
b) Tipo, cant. y ubicación de cada uno de los símbolos.
13ª vta.: Lev. 6 cd., tejer I vt. sobre vt. d. base (amto.), trabajar 8 cuadrados simples (I vt., 2 cd., I vt.) sobre los simples base, tejer un cuadrado lleno (4 vt.) y 3 simples sobre los cuadrados base respectivamente←*, trabajar 5 vt. sobre el cuadrado base correspondiente, repetir←*. Finalizar con I amto.
14ª vta.: Lev. 6 cd., tejer I vt. sobre vt. d. base (amto.), tejer 8 cuadrados simples sobre cuadrados base, trabajar un cuadrado lleno y 2 simples sobre los de base, saltar 2 cuadrados base, lev. 3 cd←* tejer I vt., I cd., I vt., I cd., I vt., I cd., I vt. (4 espacios) sobre las 5 vt. base respectivamente, repetir←*. Finalizar con I amto.

15ª vta.: Lev. 6 cd., tejer 1 vt. sobre vt. d. base (amto.), tejer 8 cuadrados simples sobre los de la base, trabajar un cuadrado lleno y 2 simples en los cuadrados base que corresponde,←* lev. 5 cd., tejer 4 espacios de (1 vt. 1 cd.) sobre los de la base, lev. 5 cd., repetir←*. Finalizar con 1 amto.

16ª vta.: Lev. 6 cd., tejer 1 vt. sobre vt. d. base (amto.), trabajar 8 cuadrados simples sobre los cuadrados simples base, tejer un cuadrado lleno y 2 simples sobre cuadrados base, saltar un cuadrado simple base, lev. 2 cd. tejer←* 5 vt. sobre el hueco de 5 cd. base, lev. 3 cd., saltar un espacio base (1 vt., 1 cd., 1 vt.), sobre el siguiente tejer 1 mp., lev. 3 cd., tejer 1 mp. sobre el espacio base vecino, lev. 3 cd., saltar el último espacio base, trabajar 5 vt. sobre las 5 cd. base, repetir←*. Finalizar con 1 amto.

17ª vta.: Lev. 6 cd., tejer 1 vt. sobre vt. d. base (amto.), trabajar 8 cuadrados simples sobre los simples base, tejer un cuadrado lleno y 2 simples sobre los de base correspondientes, lev. 3 cd., trabajar 4 espacios de 1 cd. sobre las 5 vt. base respectivamente←* lev. 3 cd., tejer 1 mp. sobre arco de 3 cd. central base, lev. 3 cd.←*. Finalizar con 1 amto.

18ª vta.: Lev. 6 cd., tejer 1 vt. sobre vt. d. base (amto.), trabajar 8 cuadrados simples sobre los simples base, tejer un cuadrado cruzado y 2 simples sobre cada cuadrado base lev. 5 cd., saltar un cuadrado simple y espacio de 3 cd., tejer 4 espacios de 1 cd. sobre los 4 base respectivamente← *, lev. 5 cd. repetir←*. Finalizar con un amto.

Continuar, según indica el esquema, hasta obtener 150 cm de ancho x 75 cm de alto.

Última vta.: Lev. 6 cd., tejer 1 vt. sobre la vt. d. base (amto.) continuar la vta. tejiendo cuadrados simples (1 vt. 2 cd. 1 vt.). Finalizar con 1 amto.

2. Terminación

a) Aplicar sobre cada amto. un fleco de 25 cm de largo, recordar cortarlos de 50 cm para doblarlos cuando se colocan.

b) Para que no se deshilache la cinta de seda, quemar las puntas o pasar esmalte para uñas incoloro.

Nota: El signo ←* significa repetir desde el * final hacia la izquierda hasta el * inicial.

▼ Esquema

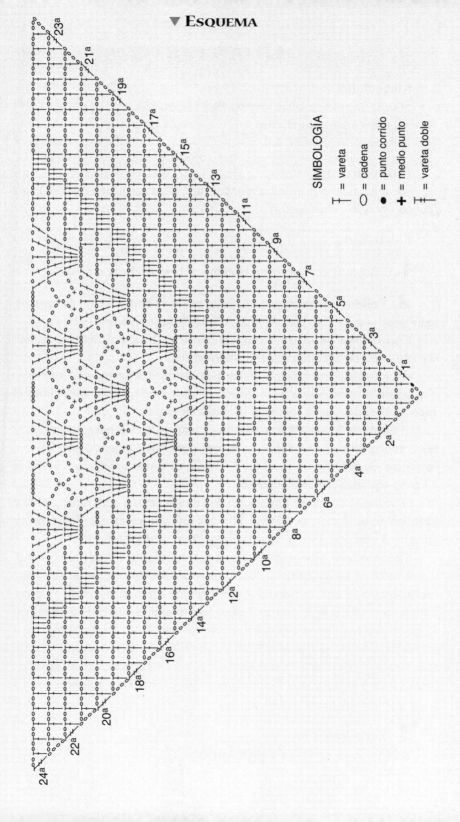

SIMBOLOGÍA

┬	= vareta
◯	= cadena
●	= punto corrido
✚	= medio punto
╫	= vareta doble

GUANTES

Materiales
▼ Lana tipo vicuña color marrón, 80 g
▼ Lana merino natural, 20 g
▼ Aguja de crochet N° 2

Abreviaturas
cd. (cadena), mp. (medio punto), lev. (levantar), pto. (punto), pc. (punto corrido), vta. (vuelta)

Ejecución

1. Dibujar el contorno de la mano sobre una hoja de papel.

2. Tejido: (Véase diagrama). Cada mano se compone de dos partes, tejer cada una de ellas por separado de la siguiente manera:

Con técnica de tejido recto, comenzar trabajando meñique/palma, lev. una base de cd. que cubra dicha longitud.

a) La explicación se basa en cantidades usadas para dicho ejemplo. Según tensión, sobre base de 35 cd. tejer recto 5 vtas., cubriendo el ancho del dedo; queda formado el dedo meñique.

b) Sobre la 5ª vta. deslizarse con pc. sobre 11 mp. base, lev. 13 cd. y tejer sobre ellas 1 mp. sobre cada cd., continuar tejiendo los 24 mp. restantes. Se obtiene un total de 37 mp. Tejer recto sobre las 5 vtas. los 37 ptos. (queda formado el anular).

c) Sobre la 6ª vta. en dirección a los dedos, lev. 15 cd., trabajar sobre cada cd. base 1 mp., continuar con los 24 mp. restantes. Tejer recto durante 5 vtas. los 39 mp., queda formado el dedo medio.

d) Sobre la 6ª vta. en dirección a los dedos, lev. 12 cd., tejer 1 mp. sobre cada cd. base, continuar con mp. sobre los 24 mp. restantes. Tejer recto 36 ptos., 4 vtas. completas y sobre la 5ª vta. trabajar tan solo 12 ptos. (queda formado el índice) más 8 ptos. (correspondientes a la palma), lev. 10 cd., trabajar 1 mp. sobre cada cd. base,* tejer 1 pc. sobre el mp. base correspondiente, deslizar con 1 pc. sobre el mp. base vecino, tejer 1 mp. sobre cada mp. de los 10, trabajar 1 mp. sobre cada mp. base, repetir* hasta tener 6 vtas. (queda formado el pulgar). Continuar tejiendo los 16 ptos. restantes. Cortar el hilo.

3. Terminaciones
a) Tejer la otra parte de igual manera.

b) Coser ambas partes con aguja de coser, dar vuelta.

c) Ribetear con mp. el puño, con técnica de tejido redondo, luego trabajar la guarda (véase esquema) con lana contrastante aplicando técnica de cambio de color.

d) Planchar con paño húmedo.

e) Tejer la otra mano.

▼ DIAGRAMA

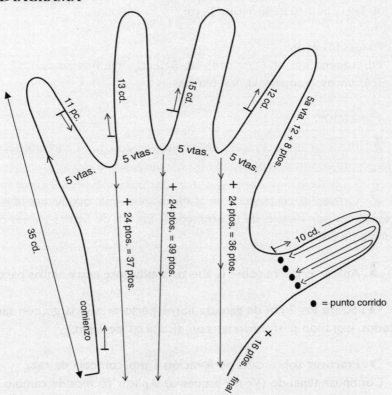

● = punto corrido

ESQUEMA DE LA GUARDA

1a	x	x	x	x			x	x	x	x		x	x	x	x		x	x	x	x			x	x	x	x		x	x	x	x			
2a	x	x	x			x	x	x			x	x			x	x		x	x	x		x	x	x			x	x	x			x	x	
3a		x	x			x	x			x	x			x	x	x		x	x			x	x			x	x			x	x		
4a			x	x	x	x		x	x	x	x			x	x	x	x		x	x	x	x		x	x	x	x			x	x	x	x

SIMBOLOGÍA

x = 1 mp. natural

☐ = 1 mp. marrón

BANDOLERA

Materiales

▼ Cola de rata gruesa, 70 m
▼ Cordón plateado grueso, 30 m
▼ Aguja de crochet N° 00
▼ Gamuza de 1,40 m de ancho, 25 cm
▼ Cierre de 22 cm
▼ Tafeta de 1,40 m de ancho, 25 cm

Abreviaturas

cd. (cadena), cant. (cantidad), lat. (lateral), mp. (medio punto), pto. (punto), amtos. (aumentos), vta. (vuelta)

Ejecución

1. Recortar un rectángulo de gamuza de 24 cm de ancho x 48 cm de largo (dejar sobre cada lat. medio cm para costura).

2. Doblar el rectángulo de gamuza para que quede una de las partes 2 cm por debajo de la otra, coser los lat. de ambas partes con máquina de coser.

3. Aplicar el cierre sobre la abertura existente entre ambas partes.

4. Sobre los 2 cm de gamuza libres, perforar a lo largo con sacabocados, logrando perforaciones con distancias de 1 cm.

5. Practicar sobre cada perforación 1 mp. con cola de rata.
Continuar tejiendo (Véase esquema). Aplicar técnica de cambio de color (véase página 17).
1ª vta.: Con cola de rata tejer sobre dicha vta. 41 mp. (trabajar cant. de amtos. internos necesarios).
2ª vta.: Con cola de rata, lev. 1 cd. tejer sobre el 1er mp. base, 1 mp., continuar tejiendo sobre cada mp. base 1 mp. logrando trabajar un total de 41 ptos.
3ª vta.: Con cola de rata, lev. 1 cd., tejer sobre el 1er mp. base 1 mp., *con cordón trabajar 3 mp. ubicados sobre cada pto. base, con cola de rata tejer 15 mp. ubicados sobre cada mp. base, repetir*. Finalizar con 1 mp. con cola de rata.

4ª y 5ª vtas.: Ídem a la 3ª vta.

Continuar respetando:

a) Cant., tipo y ubicación de cada cuadrado del esquema, el cual equivale a 1 mp. y corresponde a un color diferente.

b) Hacer perder el color base, a medida que se teje el color cambio, sobre la nueva vta. y vta. base.

c) Tejer hasta cubrir la gamuza.

6. Ribetear el contorno con vta. de mp. y vta. de pto. cangrejo.

7. Cubrir con tafeta el revés de esta superficie tejida, cosiendo con puntadas invisibles.

8. Tejer una correa de 1,5 cm de ancho x 1,30 m de largo con cola de rata, coser 2 cm de cada extremo sobre las primeras vtas. de la superficie tejida.

▼ ESQUEMA

SIMBOLOGÍA

x = cordón plateado = 1 mp.

☐ = cola de rata = 1 mp.

CHAMBERGO

Materiales

▼ Lana merino fina color natural, 100 g
▼ Lana merino fina marrón, 40 g
▼ Aguja de crochet N° 2
▼ Cola incolora
▼ Alambre fino, 1 m

Abreviaturas

amto. (aumento), cd. (cadena), cant. (cantidad), lev. (levantar), mp. (medio punto), pc. (punto corrido), pto. (punto), vta. (vuelta)

Ejecución

1. Aplicando técnica de tejido redondo

a) Base: (Con color natural). Lev. base de 5 cd., cerrar la última con la 1ª con pc., queda formado un anillo, tejer:

1ª vta.: Lev. 1 cd., rellenar dicho anillo con 10 mp. Cerrar la vta. con pc.

2ª vta.: Lev. 1 cd., tejer sobre el 1er mp. base 1 mp., *en el siguiente mp. base trabajar 1 amto. (2 mp.), sobre el próximo mp. base 1 mp., repetir*, cerrar la vta. con pc.

3ª vta.: Lev. 1 cd., *tejer sobre el 1er y el 2° mp. base 1 mp. respectivamente, trabajar en el mp. base siguiente 1 amto. (2 mp.), repetir*. Cerrar la vta. con pc.

Continuar trabajando las siguientes vtas. aplicando amtos. en forma progesiva, hasta obtener un diámetro de 12 cm, y tener una cant. de mp. que sea múltiplo de 6.

b) A partir de dicha medida continuar tejiendo la misma cant. de mp. obtenidos hasta tener un alto de 2 cm. Trabajar (véase esquema) aplicando técnica de cambio de color, recordar hacer perder el color base entre la nueva vta. y la vta. base a medida que se teje el color cambio.

1ª vta.: Con color marrón, lev. 1 cd. tejer sobre mp. base, 1 mp., *con color natural trabajar sobre cada pto. base 5 mp. respectivamente, con color marrón tejer 1 mp. sobre mp. base, repetir*. Finalizar con 5 mp. (natural) cerrar la vta. con pc.

2ª vta.: Con color marrón lev. 1 cd. *tejer 2 mp. ubicados sobre 1 mp. marrón y 1 mp. en color natural, sobre cada pto. base siguiente trabajar 4 mp. respectivamente, repetir*. Finalizar con 4 mp. (natural), cerrar la vta. con pc.

3ª vta.: Con marrón lev. I cd. *tejer 3 mp. sobre 2 mp. marrón y I mp. natural (base), continuar con natural y trabajar 3mp. sobre cada mp. natural base, repetir*. Finalizar con 3 mp. en natural, cerrar la vta. con pc.

4ª vta.: Con marrón lev. I cd. *tejer 4 mp. sobre 3 mp. marrón y I mp. natural base, continuar con natural y trabajar 2 mp. sobre cada mp. base, repetir*. Finalizar con 2 mp. en natural, cerrar la vta. con pc.

5ª vta.: Con color marrón lev. I cd., *tejer sobre 4 mp. marrón y I mp. natural, 5 mp. respectivamente, continuar con natural y trabajar I mp. sobre mp. base, repetir*. Finalizar con I mp. en natural. Cerrar la vta. con pc.

6ª vta.: Con color marrón lev. I cd., tejer I mp. sobre cada mp. base. Cerrar la vta. con pc.

c) Sobre las siguientes vtas. en color natural, aumentar 6 ptos. repartidos en un alto de 2,5 cm (según esquema, desde la 7ª hasta la 11ª vta. inclusive).

d) Continuar la lectura tejiendo la misma cant. de ptos. con ambos colores, interpretando dicho esquema de igual manera que la explicada en el punto b (12ª hasta la 18ª vta. inclusive).

e) Ala: Finalizada la lectura de la 18ª vta, trabajar en color natural, aplicando amtos. sobre cada vta. en forma progresiva, obteniendo una cant. de mp. múltiplo de 6 en un alto de 7 cm (según esquema, desde la 19ª hasta la 30ª vta. inclusive).

f) Sobre las 5 vtas. finales del ala, practicar el diagrama final, respetar ubicación tipo, cant. y color de cada cuadrado (según esquema, desde la 31ª hasta la 35ª vta.).

2. Terminación

a) Mezclar en un recipiente 2 partes de cola incolora con media parte de agua.

b) Moldear la base dando forma triangular, característica del chambergo.

c) Con pincel deslizar dicha mezcla (cola + agua), sobre el revés del sombrero, dejar secar.

d) Traspasar el alambre sobre la última vta. y rematar.

Row labels (right side of chart):

1ª
2ª
3ª
4ª
5ª
6ª
7ª
8ª
9ª
10ª
12ª
15ª
18ª
19ª
20ª
30ª
35ª

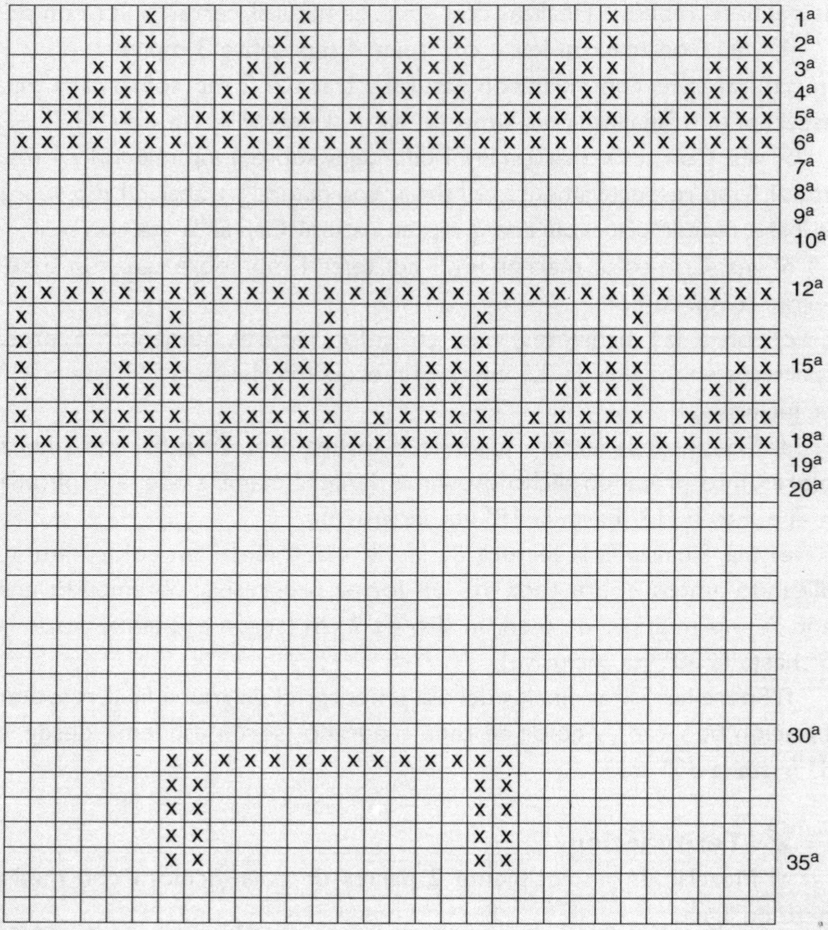

SIMBOLOGÍA

x = 1 mp. marrón

☐ = 1 mp. natural

ZUECOS SIN PUNTERA

Materiales

▼ Plataformas de poliuretano perforadas, 1 par
▼ Retazos de cuero
▼ Cartón
▼ Cinta de papel engomada y papel de lija
▼ Adhesivo para poliuretano
▼ Cordón grueso plateado, 80 m
▼ Aguja de crochet N° 2
▼ Aguja de crochet N° 00

Abreviaturas

amto. (aumento), cd. (cadena), lat. (lateral), lev. (levantar), mp. (medio punto), pc. (punto corrido), pto. (punto), vta. (vuelta)

Ejecución

1. Preparación de las plataformas:

a) Cubrir las plataformas con cinta de papel, marcar la planta con un marcador.

b) Sobre cartón, pegar la superficie de cinta de papel, sobre la cual se marcó la plantilla.

c) Recortar sobre lo marcado, obteniendo el molde deseado de la plantilla a trabajar.

d) Apoyar el molde sobre el derecho y revés del cuero y recortar. Se obtiene el par de plantillas.

e) Recortar un trozo de cartón que cubra la superficie perforada de la plataforma.

f) Lijar las plataformas de poliuretano hasta obtener una superficie áspera al tacto, limpiar.

g) Cubrir con adhesivo la plataforma, el cartón y la plantilla de cuero. Dejar secar 2 hs. por lo menos.

h) Dando calor, pegar en principio la suela con el cartón, cubrir el cartón con adhesivo y luego de un período de 1 h, a través de calor, pegar la plantilla de cuero.

2. Tejido (Véase esquema)

a) Marcar: Sobre la puntera centralizar 15 agujeros, marcar un lado y el otro de dicha parte.

A partir de cada marca se contarán 22 perforaciones de cada lat., marcar hasta donde se extienda la perforación N° 22 de cada lat. (ubicadas sobre el área del talón).

b) Comenzar tejiendo con aguja N° 2, desde la perforación N° 22 (pie derecho, lat. derecho/pie izquierdo, lat. izquierdo) trabajar sobre cada perforación 1 mp. hasta la 1ª perforación (puntera) inclusive, lev. (según modelo) 17 cd., llegar a la 1ª perforación (marca del otro lat.) para continuar tejiendo 1 mp. sobre cada perforación hasta la N°22 de dicho lat. Cortar el cordón.

c) Desde el puente de 17 cd. tejer: (Véase esquema)

1ª vta.: Insertar la aguja sobre el 1er mp. (lat.), lev. 1 cd., trabajar 1 mp. sobre cada cd. base, finalizar con 1 pc. sobre el 1er mp. del lat. contrario y deslizar con pc. sobre el 2° mp. de dicho lat.; queda 18 ptos. Comenzar la 2ª vta.

2ª vta.: Lev. 1 cd., tejer sobre cada mp. base 1 mp. Finalizar con pc. sobre el 2° mp. base del lat. contrario, deslizar con pc. sobre el 3er mp. de dicho lat. Queda 18 ptos.

Continuar tejiendo de igual manera con igual cant. de ptos. hasta tener 2,5 cm de alto. A partir de esa medida aplicar 1 amto. sobre cada vta. para ir formando el empeine:

1ª vta.: Lev. 1 cd. tejer sobre el mp. del lat. 1 mp. (amto.), continuar tejiendo 1 mp. sobre cada mp. base, finalizar con pc. sobre el mp. correspondiente del lat. contrario, deslizar con pc. sobre el mp. siguiente de dicho lat.

Continuar tejiendo las siguientes vtas. de igual forma que la explicada anteriormente, logrando sumar 1 pto. cada vta., llegar a la última perforación consiguiendo trabajar un alto de 12 cm (según modelo, en las 4 últimas vtas. se tejió un total de 26 mp.). ·

Nota: El poder realizar un calzado a medida permitirá aumentar o disminuir las cantidades dadas, según el tamaño o forma del pie.

1 • **Bandolera** (véase pág. 58)

2 • **Chal** (véase pág. 53)

3 • **Zuecos sin puntera** (véase pág. 63)

1 • **Montgomery** (véase pág. 44)

2 • **Guantes** (véase pág. 56)

1 • Visillo (véase pág. 70)

2 • Camino de mesa (véase pág. 76)

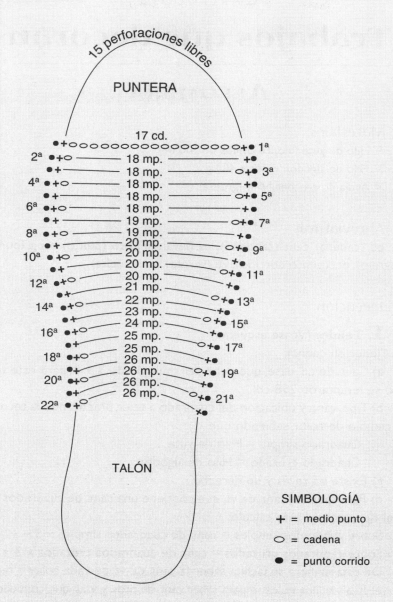

15 perforaciones libres

PUNTERA

17 cd.

2ª ● + ○ ——— 18 mp. ——— + ● 1ª
● + ——— 18 mp. ——— ○ + ● 3ª
4ª ● + ○ ——— 18 mp. ——— + ●
● + ——— 18 mp. ——— ○ + ● 5ª
6ª ● + ○ ——— 18 mp. ——— + ●
● + ——— 19 mp. ——— ○ + ● 7ª
8ª ● + ○ ——— 19 mp. ——— + ●
● + ——— 20 mp. ——— ○ + ● 9ª
10ª ● + ○ ——— 20 mp. ——— + ●
● + ——— 20 mp. ——— ○ + ● 11ª
12ª ● + ○ ——— 20 mp. ——— + ●
● + ——— 21 mp. ——— ○ + ● 13ª
14ª ● + ○ ——— 22 mp. ——— + ●
● + ——— 23 mp. ——— ○ + ● 15ª
16ª ● + ○ ——— 24 mp. ——— + ●
● + ——— 25 mp. ——— ○ + ● 17ª
18ª ● + ○ ——— 25 mp. ——— + ●
● + ——— 26 mp. ——— ○ + ● 19ª
20ª ● + ○ ——— 26 mp. ——— + ●
● + ——— 26 mp. ——— ○ + ● 21ª
22ª ● + ○ ——— 26 mp. ——— + ●

TALÓN

SIMBOLOGÍA

+ = medio punto
○ = cadena
● = punto corrido

CAPÍTULO 5

Trabajos que decoran

ALFOMBRA

Materiales

▼ Hilo de yute fino, 16 ovillos de 100 m

▼ Hilo de algodón rústico, 400 g

▼ Aguja de crochet N° 4 (gruesa)

Abreviaturas

cd. (cadena), cant. (cantidad), lev. (levantar), pto. (punto), cang. (punto cangrejo), pc. (punto corrido), vt. (vareta), vta. (vuelta)

Ejecución

1. **Tejido:** (Véase esquema)

Tener en cuenta:

a) Cant. de cd. base, que debe ser múltiplo de 3 + 1, para este trabajo se levantaron **298** cd.

b) Tipo, cant. y ubicación del cuadrado a tejer, practicando la técnica de cambio de color, sabiendo que:

Cuadrado simple = Hilo de yute

Cuadrado cruzado = Hilo de algodón

c) Existe un revés y un derecho.

d) Para saber la cant. de vt. que contiene una cant. de cuadrados de igual tipo, realizar este cálculo:

Sobre cuadrados simples = cant. de cuadrados simples x 3 − 1

Sobre cuadrados cruzados = cant. de cuadrados cruzados x 3 + 1

De esta manera se facilita saber la cant. de vt. de cada color a tejer.

e) Realizar una muestra para saber cant. de ptos. y vtas. que contiene la guarda.

f) Adaptar el esquema, repitiendo la guarda tantas veces como sea necesario sobre ambos lat., hasta cubrir el ancho y el largo deseados.

Nota: Las cantidades dadas en materiales, son necesarias para una alfombra de 1,35 x 1,15 m (según la tensión).

g) Finalizar cerrando la guarda, tal como se comenzó.

2. Terminaciones

a) Ribetear toda la superficie tejida con vta. de vt., respetar las esquinas tejiendo 3 vt. 1 cd. 3 vt., jugar en cada vta. con cada color.

b) Planchar en caliente, con lienzo húmedo.

▼ **ESQUEMA**

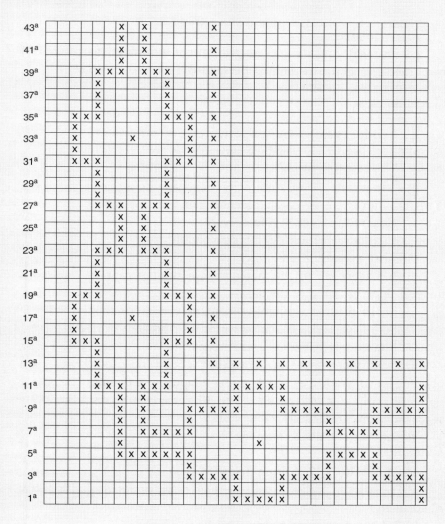

SIMBOLOGÍA

x = ┬┬┬┬ = hilo de algodón

☐ = ┬┬┬┬ = yute

ALMOHADÓN

Materiales

▼ Hilo de yute fino, 4 ovillos de 100 m

▼ Hilo de algodón rústico, 80 g

▼ Aguja de crochet N° 00

▼ Arpillera de 1,40 m de anᵉ ho, 60 cm

Abreviaturas

cd. (cadena), cang. (punto cangrejo), cant. (cantidad), lev. (levantar) mvt. (media vareta), pto. (punto), pc. (punto corrido), vta. (vuelta)

Ejecución

1. **Tejido:** (Véase esquema). Tener en cuenta:

a) Cant. de cd. base que debe ser múltiplo de 3 + 1; lev. una base de 76 cd.

b) Respetar tipo, cant. y ubicación del cuadrado a tejer, practicando la técnica de cambio de color, sabiendo que:

Cuadrado simple = Hilo de yute

Cuadrado cruzado = Hilo de algodón

c) Existe un revés y un derecho.

d) Para saber la cant. de mvt. que contiene una cant. de cuadrados de igual tipo, realizar este cálculo:

Sobre cuadrados simples = cant. de cuadrados simples x 3 − 1

Sobre cuadrados cruzados = cant. de cuadrados cruzados x 3 + 1

De esta manera se facilitará saber la cant. de mvt. de cada color a tejer.

e) Realizar una muestra para saber la cant. de ptos. y vtas. para obtener un cuadrado perfecto y poder adaptar el esquema.

f) Al finalizar la lectura en la vta. 30, retomarla sobre la vta. 19 y seguir la misma en dirección a la 1ª vta.

g) Planchar con lienzo húmedo.

2. **Armado y terminaciones**

a) Preparar en arpillera una superficie de igual medida que la tejida; ribetear en mp.

b) Enfrentar revés de ambas superficies y unir:

1ª vta.: Lev. 2 cd. (1ª mvt.), coser a través de la mvt., sobre esquinas trabajar 3 mv. t. juntas. Cerrar la vta. con pc. Continuar tejiendo las vtas. necesarias combinando los colores a gusto.

c) Ribetear toda la superficie con pto. cang.

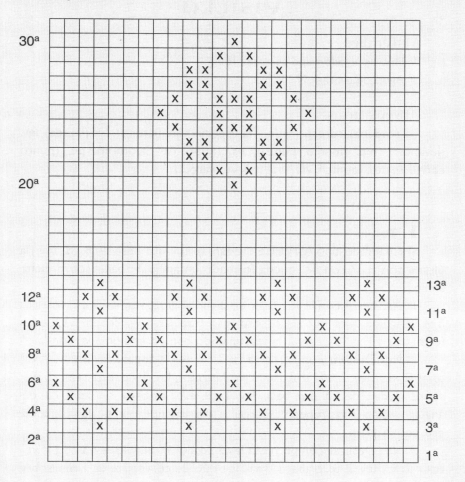

SIMBOLOGÍA

x = ⊤⊤⊤⊤ = hilo de algodón

☐ = ⊤⊤⊤⊤ = yute

⊤ = media vareta

VISILLO

Materiales

▼ Hilo de algodón tipo peruano, 150 g

▼ Aguja de crochet N° 0

Abreviaturas

cd. (cadena), cd. esp. (cadeneta especial), lat. (lateral), laz. (lazada), lev. (levantar), mp. (medio punto), ns. (nudo de Salomón), pc. (punto corrido), pto. (punto), vta. (vuelta), vt. (vareta)

Ejecución

1. Tejer:

a) Cuadrado tipo A: (Véase esquema). Lev. una base de 8 cd., unir la última con la 1ª con pc., queda formado un anillo. Trabajar sobre dicho anillo:

1ª vta.: Lev. 3 cd. (1ª vt.), tejer en dicho anillo 2 vt., *lev. 2 cd., trabajar 3 vt. (ángulo), tejer dúo de cd. esp. (ns.) trabajar 3 vt., repetir*. Quedan formados 4 ángulos, cerrar la vta. uniendo con pc. la última vt. con la 1ª.

2ª vta.: Deslizar con pc. hasta las 2 cd. del 1er ángulo, lev. 3 cd. (1ª vt.) tejer 2 vt., *lev. 2 cd., trabajar 3 vt. (ángulo), lev. 1 cd. esp. tejer 1 mp. sobre el dúo de cd. esp. base, lev. 1 cd. esp., trabajar en las 2 cd. del ángulo vecino 3 vt., repetir*. Cerrar la vta. uniendo con pc. la última cd. esp. con la 1ª vt.

3ª vta.: Deslizar con pc. hasta las 2 cd. del 1er ángulo, lev. 3 cd. (1ª vt.) tejer 2 vt.,*lev. 2 cd. trabajar 3 vt., lev. dúo de cd. esp., tejer 1 mp. sobre el dúo base, lev. dúo de cd. esp., trabajar en el ángulo base vecino 3 vt., repetir*. Cerrar la vta. uniendo con pc. la última cd. esp. con la 1ª vt.

4ª vta.: Deslizar con pc. hasta las 2 cd. del 1er ángulo, lev. 3 cd. (1ª vt.), tejer 2 vt., *lev. 2 cd., trabajar 3 vt., lev. dúo de cd. esp. Trabajar 1 mp. sobre el dúo base vecino, lev. dúo de cd. esp., tejer sobre el espacio de 2 cd. del ángulo vecino base 3 vt., repetir*. Cerrar la vta. uniendo con pc. la última cd. esp. con la 1ª vt.

Continuar las sucesivas vtas. respetando ubicación de ángulos y aumentando los dúos de cd. esp. hasta lograr cuadrados de igual medida que los del tipo B.

Última vta.: Deslizar con pc. hasta las 2 cd. del 1er ángulo, lev. 3 cd. (1ª vt.), tejer 2 vt., lev. 2 cd., trabajar 3 vt. (1er ángulo), lev. 5 cd. *tejer 1 mp. sobre dúo de cd. esp., lev. 5 cd., repetir* (sobre tantos dúos de cd.

esp. base como haya) hasta llegar al espacio de 2 cd. del ángulo vecino trabajar (3 vt., 2 cd., 3 vt.), lev. 5 cd., repetir*. Cerrar la vta. uniendo las últimas 5 cd. con la 1ª vt.

b) Medio cuadrado tipo A: Lev. una base de 8 cd. unir la última con la 1ª con pc. Queda formado un anillo. Trabajar a partir de la 1ª vta. en más, en ida y vta. de la siguiente manera:

1ª vta.: Lev. 3 cd. (1ª vt.) más 2 cd., tejer sobre dicho anillo 3vt. 2 cd. esp. trabajando en ángulo (3 vt., 2 cd, 3 vt.), tejer 2 cd. esp., 3 vt., 2 cd., finalizar con 1 vt.

2ª vta.: Deslizar con pc. hasta espacio de 2 cd., lev. 3 cd. (1ª vt.) más 2 cd., trabajar 3 vt., lev. 1 cd. esp., tejer 1 mp. sobre el dúo de cd. esp., lev. 1 cd. esp., trabajar un ángulo sobre espacio de 2 cd. del ángulo base, lev. 1 cd. esp., tejer 1 mp. sobre dúo de cd. esp. base, lev. 1 cd. esp., finalizar con 3 vt., 2 cd., 1 vt. sobre espacio de 2 cd. del ángulo base final.

3ª vta.: Deslizar con pc. hasta espacio de 2 cd. lev. 3 cd. (1ª vt.) más 2 cd., tejer 3 vt., lev. dúo de cd. esp., trabajar 1 mp. sobre dúo base, lev. dúo de cd. esp., tejer ángulo sobre espacio de 2 cd. del ángulo base, lev. dúo de cd. esp., trabajar un mp. sobre dúo base, lev. dúo de cd. esp., tejer 3 vt. 2 cd. 1 vt. sobre espacio de 2 cd. del ángulo base final.

4ª vta.: Deslizar con pc. hasta el espacio de 2 cd., lev. 3 cd. (1ª vt.) más 2 cd. tejer 3 vt., lev. dúo de cd. esp., trabajar 1 mp. sobre 1er dúo base, lev. dúo de cd. esp. tejer 1 mp. sobre el 2° dúo base, lev. dúo de cd. esp., trabajar un ángulo sobre espacio de 2 cd. del ángulo base, lev. dúo de cd. esp., tejer mp. sobre 1er dúo base, lev. dúo de cd. esp. trabajar 1 mp. sobre 2° dúo de cd. esp., lev. dúo de cd. esp. tejer 3 vt. 2 cd. 1 vt. sobre espacio de 2 cd. del ángulo base final.

Continuar tejiendo la misma cant. de vtas. que tenga el cuadrado tipo A, respetando el ida y vta., ubicación de ángulos y el aumento del dúo de cd. esp.

Última vta.: Deslizar con pc. hasta espacio de 2 cd., lev. 3 cd (1ª vt.) más 2 cd. trabajar 3 vt., lev. 5 cd.* tejer 1 mp. sobre dúo de cd. esp., lev. 5 cd., repetir* (sobre tantos dúos base como haya) hasta llegar al espacio de 2 cd.del ángulo vecino base trabajar ángulo (3 vt., 2 cd., 3 vt.), lev. 5 cd., tejer 1 mp. sobre el dúo de cd. esp. (repetir, hasta cubrir los dúos de cd. esp. base), lev. 5 cd., finalizar con 3 vt., 2 cd., 1 vt. sobre espacio de 2 cd. del ángulo base final.

c) Cuadrado tipo B: (Véase esquema).

Lev. una base de 7 cd., unir la última con la 1ª con pc., queda formado un anillo. Tejer sobre dicho anillo:

1ª vta: Lev. 3 cd. (1ª vt.) más 2 cd., *tejer 1 vt., lev. 2 cd., repetir*. Cerrar la vta. uniendo con pc. las 2 últimas cd. con la 1ª vt. Quedan formados 8 espacios.

2ª vta.: Lev. 3 cd. (1ª vt.), sobre el arco base tejer 1 vt., sobre la vt. base trabajar 1 vt., lev. 12 cd., *sobre la misma vt. base anterior tejer una vt., en el espacio vecino trabajar 1 vt., tejer 1 vt. sobre la vt. vecina, trabajar 1 vt. sobre el espacio siguiente y 1 vt. sobre la vt. base vecina (queda formado un grupo de 5 vt.), lev. 12 cd., repetir*. Cerrar la vta. uniendo con pc. la última vt. con la 1ª. Quedan formados 4 ángulos de 12 cd. bien definidas.

3ª vta.: Lev. 1 cd., tejer sobre la misma vt. base 1 mp., *rellenar ángulo vecino con 21 vt., trabajar en la vt. intermedia del grupo vecino 1 mp., repetir*. Cerrar la vta. uniendo con pc. la última vt. con el 1er mp.

4ª vta.: Deslizar con pc. hasta la 2ª vt. del 1er ángulo, lev. 3 cd. (1ª vt.), tejer en la vt. base vecina el 1er tiempo de 1 vt. unir ambas con una laz., lev. 2 cd., trabajar el 1er tiempo de 2 vt. tejidas sobre cada vt. base, unirlas con una laz. (grupo), lev. 2 cd., tejer un grupo sobre 2 vt. base, lev. 2 cd. trabajar un grupo sobre las 2 vt. siguientes base, lev. 2 cd. tejer un grupo sobre las 2 vt. vecinas base, lev. 3 cd., trabajar un grupo sobre vt. compartida con grupo anterior más vt. vecina base, lev. 2 cd., tejer un grupo sobre las 2 vt. siguientes base, lev. 2 cd. trabajar un grupo sobre las 2 vt. base vecinas, lev. 2 cd. tejer un grupo sobre el dúo de vt. siguientes, lev. 2 cd. trabajar un grupo sobre dúo de vt. vecina base, saltar última vt. base, tejer 1er grupo del ángulo vecino, saltando la 1ª vt. base de dicho grupo. Cerrar la vta. uniendo con pc. el último grupo del 4° ángulo con el 1er grupo del 1er ángulo.

5ª vta.: Lev. 3 cd. (1ª vt.), tejer el 1er tiempo de 1 vt. ubicada sobre las 2 cd. base (espacio), unir con laz., lev. 3 cd., *trabajar en el espacio de 2 cd. base 1 mp, lev. 3 cd. en el espacio vecino tejer 1 mp., lev. 3 cd. sobre espacio siguiente tejer 1 mp., lev. 3 cd. tejer sobre espacio de 3 cd. (un grupo de 2 vt. juntas, lev. 3 cd. y grupo de 2 vt. juntas) lev. 3 cd. trabajar 1 mp. sobre espacio siguiente, lev. 3 cd tejer 1 mp. sobre espacio base vecino, lev. 3 cd. trabajar 1 mp. sobre el siguiente espacio base lev. 3 cd. tejer un grupo de 2 vt. juntas sobre el último espacio del 1er ángulo, unido al 1er grupo de 2 vt. juntas tejido en el 1er espacio del ángulo vecino, lev. 3 cd., repetir*. Cerrar la vta. uniendo con pc. el último grupo de 2 vt. juntas del último ángulo con el 1er grupo del 1er ángulo.

6ª vta.: Lev. 3 cd. (1ª vt.), tejer el 1er tiempo de 1 vt. sobre las 3 cd. base, unir con laz., lev. 4 cd., *trabajar en el espacio de 3 cd., base 1 mp., lev. 4 cd., tejer sobre el espacio vecino base 1 mp., lev. 4 cd., tejer en el siguiente espacio base 1 mp., lev. 4 cd., trabajar sobre el espacio esquina (un grupo de 2 vt. juntas, lev. 5 cd. y un grupo de 2 vt. juntas) lev. 4 cd. tejer sobre el espacio vecino base 1 mp., lev 4 cd., trabajar sobre el siguiente espacio base 1 mp., lev. 4 cd. tejer sobre el espacio vecino base 1 mp., lev. 4 cd. tejer el último grupo de 2 vt. juntas en el último espacio del 1er ángulo junto con el 1er grupo de 2 vt. juntas, ubicado en el 1er espacio del ángulo vecino, lev. 4 cd., repetir*. Cerrar la vta. uniendo con pc. el último grupo de 2 vt. juntas del último ángulo con el 1er grupo del 1er ángulo.

Nota: Como ambos cuadrados deben tener el mismo tamaño, medir el cuadrado tipo B para igualar en medida al del tipo A.

Para dicho ejemplo:

Cuadrado tipo A: De 11 cm x 11 cm cada lat. de ángulo a ángulo presenta 5 arcos.

Cuadrado tipo B: De 11 cm x 11 cm cada lat. de ángulo a ángulo presenta 4 arcos dúo 4 arcos.

2. Uniones: (Véase esquema)

a) Unión de cuadrados tipo A: Se practican sobre la última vta. y a través del mp., por lo tanto a partir del 2° cuadrado en más, tejer:

Última vta: Deslizar con pc. hasta espacio de 2 cd., lev. 3 cd. (1ª vt.), tejer 2 vt., lev. 1 cd. (tomar el 1er cuadrado, enfrentar revés con revés) sobre ángulo correspondiente trabajar 1 mp. (1ª unión) lev. 1 cd., tejer 3 vt. sobre el 1er ángulo de la 2ª muestra, lev. 2 cd., tejer 1 mp. sobre el 1er arco del 1er cuadrado (2ª unión) lev. 2 cd., trabajar 1 mp. sobre el 1er dúo de cd. esp. base del 2° cuadrado, lev. 2 cd., tejer 1 mp. sobre el 2° arco del 1er cuadrado (3ª unión) lev. 2 cd., trabajar 1 mp. sobre el 2° dúo base del 2° cuadrado, lev. 2 cd., tejer 1 mp. sobre el 3er arco del 1er cuadrado (4ª unión), lev. 2 cd., tejer 1 mp. sobre el 3er dúo base del 2° cuadrado, lev. 2 cd., trabajar 1 mp. sobre el 4° arco del 1er cuadrado (5ª unión), lev. 2 cd., tejer 1 mp. sobre el 4° dúo base del 2° cuadrado, lev. 2 cd., trabajar 1 mp. sobre el 5° arco del 1er cuadrado (6ª unión) lev. 2 cd., tejer sobre el espacio de 2 cd. del 2° ángulo y 2° cuadrado 3 vt., lev. 1 cd., trabajar 1 mp. sobre el espacio de 2 cd. del 2° ángulo del 1er cuadrado (7ª unión), lev. 1cd., tejer 3 vt. en el espacio de 2 cd. del 2° ángulo del 2° cuadrado. Continuar tejiendo este 2° cuadrado hasta completar la vta.

b) Unión de cuadrado tipo A al tipo B: Sobre la última vta. del cuadrado tipo A y a través de mp. tejer: deslizar con pc. hasta el espacio de 2 cd., lev. 3 cd. (1ª vt.), tejer 2 vt., lev. 1 cd. (tomar el cuadrado B, enfrentar revés con revés) tejer 1 mp. en el arco de 5 cd. del 1er ángulo del cuadrado B (1ª unión), lev. 1 cd. tejer en el espacio de 2 cd. de A 3 vt., lev. 2 cd. trabajar en el 1er arco de B 1 mp. (2ª unión), lev. 2 cd., tejer 1 mp. sobre el 1er dúo de cd. esp. base de A, lev. 2 cd., trabajar 1 mp. en el 3er arco de B (3ª unión), lev. 2 cd., tejer 1 mp. sobre el 2° dúo base de A, lev. 2 cd., trabajar 1 mp. sobre dúo de grupos juntos de B (4ª unión), lev. 2 cd., tejer 1 mp. sobre el 3er dúo base de A, lev. 2 cd., trabajar 1 mp. sobre el 6° arco de B (5ª unión), lev. 2 cd., tejer 1 mp. sobre el 4° dúo base de A, lev. 2 cd., trabajar 1 mp. sobre el 8° arco de B (6ª unión), lev. 2 cd., tejer 3 vt. sobre espacio de 2 cd. del 2° ángulo de A, lev. 1 cd., trabajar 1 mp. en el espacio de 5 cd. del 2° ángulo de B (7ª unión), lev. 1 cd., tejer 3 vt. sobre espacio de 2 cd. del 2° ángulo de A. Continuar trabajando este cuadrado tipo A, hasta completar la vta.

3. Armado y terminación: (Véase diagrama)

a) Respetar ubicación de cada tipo de cuadrado según indica el diagrama, aplicando el sistema de unión ya explicado.

b) Humedecer y planchar con apresto.

c) Aplicar flecos de 40 cm, entrecruzados.

▼ ESQUEMAS

CUADRADO TIPO A   CUADRADO TIPO A

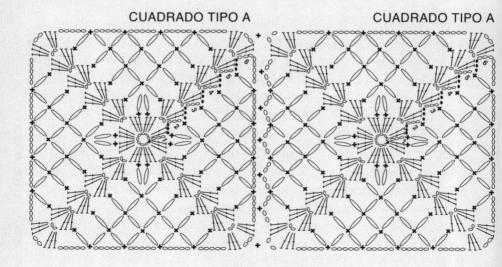

CUADRADO TIPO B   CUADRADO TIPO A

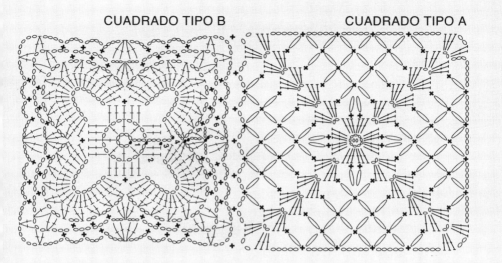

SIMBOLOGÍA

T = vareta

○ = cadena

+○○ = nudo de Salomón

+ = medio punto

▼ **DIAGRAMA**

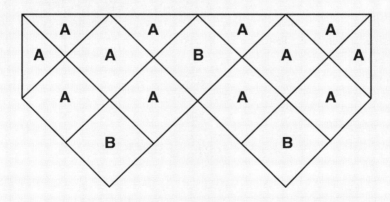

CAMINO DE MESA

Materiales
▼ Hilo de algodón con seda, 350 g
▼ Aguja de crochet N° 2

Abreviaturas
cd. (cadena), cant. (cantidad), desc. (descontar), lat. (lateral), lev. (levantar), pc. (punto corrido), pto. (punto), R.T.S. (regla de 3 simple), vt. (vareta), vta. (vuelta)

Ejecución

1. Muestra: (Véase esquema B)

a) Tejer una base de cd. cuya cifra termine en 5, aplicando pto. red de 3 ptos., tejer:

1ª vta.: Lev. 3 cd., *saltar 1 cd. base, tejer 1 vt. sobre la cd. vecina, lev. 1 cd., repetir*. Finalizar con 1 vt. sobre la última cd.

2ª vta.: Lev. 3 cd. (1ª vt.) más 1 cd., *saltar 1 cd. base, tejer 1 vt. sobre vt. base, lev. 1 cd., repetir*. Finalizar tejiendo 1 vt. sobre la última vt. base.

3ª vta.: Lev. 3 cd. (1ª vt.) más 1 cd., *saltar 1 cd. base, tejer 1 vt. sobre vt. base, lev. 1 cd., repetir*. Finalizar trabajando vt. sobre la última vt. base.

4ª vta.: Lev. 3 cd. (1ª vt.), más 1 cd., saltar 1 cd. base, tejer 1 vt. sobre vt. base, lev. 1 cd., tejer sobre la vt. vecina 1 vt., lev. 1 cd., tejer sobre la siguiente vt. base 1 vt., lev. 1 cd., tejer sobre la vt. vecina base 1 vt. (quedan formados 4 cuadrados simples de 3 ptos), lev. 3 cd., rellenar la última vt. del 4° cuadrado con 3 vt., lev. 3 cd., unir con pc. a la base de la vt. rellenada ①, girar el tejido, lev. 3 cd., rellenar la base de 1 cd. de dicho cuadrado con 3 vt., lev. 3 cd., unir con pc. a la base de la 1ª vt. de dicho cuadrado ②, girar el tejido, lev. 3 cd., rellenar esta 1ª vt. con 3 vt., lev. 3 cd., unir con pc. a la parte superior de dicha vt. ③, lev. 3 cd., rellenar el espacio de 1 cd. de este mismo cuadrado con 3 vt., lev. 3 cd., unir con pc. a la base de las 3 cd. iniciales ④, queda formada la flor, (esquema A)*. Lev. 1 cd., tejer 1 vt. sobre vt. vecina, trabajar 8 cuadrados simples más, tejer la flor sobre el 10° cuadrado simple, repetir*. Finalizar con 3 cuadrados simples.

5ª vta.: Lev. 3 cd. (1ª vt.) más 1 cd., saltar 1 cd. base, tejer 1 vt. sobre vt. base (1er cuadrado simple), tejer un cuadrado simple sobre cada cuadrado base, a la altura de la flor tirar el pétalo superior hacia adelante, permitiendo tejer un cuadrado simple sobre dicho espacio.

6ª y 7ª vtas.: Ídem a la 1ª y 2ª vtas.

8ª vta.: Lev. 3 cd. (1ª vt.) más 1 cd., tejer 1 vt. sobre vt. (1er cuadrado), trabajar 7 cuadrados simples ubicados sobre cada cuadrado base, sobre el 9° cuadrado tejer la flor, *trabajar 9 cuadrados ubicados sobre cada cuadrado base, tejer la flor sobre el 10° cuadrado, repetir*. Finalizar con 8 cuadrados simples ubicados sobre cada cuadrado base.

Continuar: Retomando la lectura desde la 2ª vta.

b) Tejer una muestra de 10 x 10 cm, para tener una idea de cálculo se cita el siguiente ejemplo:

10 cm = 35 cd.   10 cm = 11 vtas.

2. Modelo: Este camino presenta un ancho de 33 cm

a) Aplicando R.T.S., traducir 33 cm a cd.:

$$10 \text{ cm} \rule{2cm}{0.4pt} 35 \text{ ptos.}$$

$$33 \text{ cm} \rule{2cm}{0.4pt} \frac{33 \text{ cm} \times 35 \text{ ptos.}}{10 \text{ cm}} = 115,5 \text{ cd.}$$

Como dicha cant. debe terminar en 5 (según muestra), se redondea a 115 cd.

b) Tejer el largo deseado, logrando que el inicio sea idéntico al final.

3. Terminaciones

a) Trabajar sobre cada extremo del camino esta terminación en punta; esto se logra desc. un cuadrado de cada lat. sobre cada vta., respetando el esquema.

b) Ribetear todo el camino con mp. y picot de 3 cd.

c) Aplicar una borla sobre cada punta.

Notas: Para realizar este camino de mesa se pueden utilizar materiales más rústicos, como por ejemplo el hilo de algodón rústico o el piolín, teniendo en cuenta que el primero se trabaja con aguja de crochet 00 y el segundo, con aguja de crochet 0. Estas opciones son muy actuales y resultan muy decorativas, sobre todo para acentuar el estilo *country*.

Los colores de hilo de algodón con seda más tradicionales para hacer este modelo son: blanco, ocre o natural, pero también se puede apostar a tonos más brillantes como rojo, amarillo, naranja o verde si el camino de mesa engalanará nuestra cocina.

TRABAJOS QUE DECORAN

▼ Esquemas

ESQUEMA A

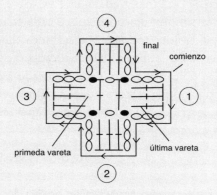

ESQUEMA B

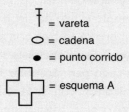

SIMBOLOGÍA

$\dagger$ = vareta

$\bigcirc$ = cadena

$\bullet$ = punto corrido

= esquema A

TÍTULOS DE ESTA COLECCIÓN